入社1年目のお金の教科書

これだけは知っておきたい貯め方・使い方・増やし方

田口智隆
Tomotaka Taguchi

きずな出版

プロローグ

入社1年目のお金との付き合い方が、人生を決める

社会人になられた皆さん、入社おめでとうございます！

入社1年目のあなたは、新たな船出を前に希望に胸をふくらませていることでしょう。あるいは、未知の世界に足を踏み入れることに、ちょっぴり不安を感じているかもしれません。

もちろん仕事は楽しいことばかりではありませんが、目標を達成したり、お客様に喜んでもらったりすることからは、大きなやりがいを得ることができます。また、職場の仲間とともに何かをやり遂げたときの充実感は、貴重な財産になります。

何より、仕事を通じて誰かの役に立てることは社会人の醍醐味でもあります。ぜひ新社会人の皆さんには、まずは仕事が楽しいことであると実感していただきたいと思っています。

今はまだピンとこないかもしれませんが、「仕事を楽しむ」ことこそ、お金を稼ぐうえで重要なことだからです。

仕事を楽しめなければ、「もっとがんばろう」という気になりませんし、アイデアもわいてきません。楽しいからこそ高いモチベーションで仕事を継続し、結果的に高い給料を稼ぐことができるのです。

しかし、本書でお伝えするのはお金の稼ぎ方ではありません。

もちろん、いかに高収入を得るかも重要ですが、じつはそれ以上にお金と付き合っていくうえで身につけなければならない「考え方」と「スキル」があります。

なぜなら、お金を稼ぐことができても、それを貯めたり、増やしたりできなければ、常に「お金が足りない」という不安にさいなまれる結果となるからです。

お金を貯めるためには、お金の上手な使い方も身につけなければなりません。
しかし、20代の若者の多くは、お金に関する不安に縛られています。

「今月はお金を使いすぎて金欠だ」
「貯金額がいつまでたっても増えない」
「このままでは好きなこともできないし、老後も不安でしかたない」

なかには学生時代に多額の奨学金を借りて、その返済に不安を感じている人、ひどい場合、借金を重ねる結果となり、生活面でも精神面でも苦しい立場に追い込まれてしまう人もいるでしょう。

実際、私自身も20代の頃、お金との正しい付き合い方を知らなかったばかりに、500万円を超える借金を抱えていました。

稼いだお金を湯水のごとく浪費した結果です。
借金を抱えていた最中は、テレビドラマでよく登場する強面の取り立て屋が、いつ自分の目の前にあらわれるか、戦々恐々としていたものです。

しかし、結果として私は34歳のときから会社勤めをすることなく、セミリタイア生活を送っています。所有する金融資産から定期的な収入があるので、講演活動や本の執筆など、自分がやりたいことに自由に時間を使うことができるのです。

お金の不安にとらわれることなく、好きな仕事を好きなときにできるので、毎日が充実しています。

なぜ私が、借金で首が回らない人生からV字回復を遂げることができたのか？

それは、借金を返済し、資産を増やしていく過程で、お金との正しい付き合い方を実戦で学んでいったからです。

そうした経験を踏まえて、現在では講演や執筆を通じて「お金との正しい付き合い方」を広くお伝えすることをライフワークとしています。

ただ、そうした活動のなかで気づかされたのは、最も稼ぎが少ない若い人が、最もお金に関する知識に乏しいという事実です。

お金の扱い方を知らないいまま社会人となり、常にお金の不安に悩まされている……。

そうした若者が多いことを知ってから、ある思いが日に日に強くなっていきました。

「若い人たちに、私と同じようなお金の苦労をしてもらいたくない」

そうした思いから生まれたのが本書です。

私の経験を踏まえて、社会に出たばかりの若者が身につけておきたいお金との付き合い方をまとめました。

ただ、お金の原則は変わりませんから、新入社員の若者にかぎらず、20代、30代、40代の人が読んでも大いに参考になると自負しています。基本的に「もう手遅れ」ということはありません。いつからでも軌道修正できます。

本書では、お金との付き合い方を考えるうえで、「稼ぐ」よりも大事な3つの視点（①貯める、②使う、③増やす）を中心にお伝えしていきます。

くわしくは、本編でじっくりと説明していきますが、これら3つの視点でお金をコントロールできている人とそうでない人とでは、近い将来、資産額の面でも生活水準の面でも天地ほどの差が開く結果となります。

たくさんお金を持っている人が偉い、ということはありません。しかし、お金はさまざまな夢や目標を達成するための有効な手段となるのです。

断言できるのは、入社1年目のお金との付き合い方が、その後の人生を決めるということです。ぜひ20代のうちにお金との正しい付き合い方を確立し、豊かな人生を送ってください。

それでは、あなたの未来をつくるお金の授業を始めましょう！

Chapter 2
どうすればお金は貯まるのか？

Chapter 3
20代のためのお金の賢い使い方

Chapter 4

手取り20万円でもお金を増やす方法

入社1年目の
お金の教科書

これだけは知っておきたい
貯め方・使い方・増やし方

※本書における情報は、あくまで情報提供を目的としたものであり、いかなる投資の推奨・勧誘を行うものではありません。
本書の内容は２０１８年2月1日時点での情報を記載したものであり、法律・制度・商品内容などは予告なく変更される場合があります。

本書の情報を利用した結果として何らかの損失が発生した場合、著者および出版社は理由のいかんに問わず、責任を負いません。投資にかかる最終決定はご自身の判断でお願い致します。

Chapter 1

入社1年目で知らなきゃヤバい「お金の基本」

「お金のストレスフリー」は誰でも目指せる

平日の昼間、ある高級ホテルのラウンジで読書をしていると、30代くらいの男性が隣のテーブル席に座りました。

カラーシャツにジャケットを羽織った男性といっしょに席についたのは奥様のようです。白のワンピースが似合う落ち着いた佇《たたず》まいの美人です。二人は昼間からワインを頼み、来週出かける海外旅行の予定について楽しそうに話し始めました。

彼がどんな仕事をしているかはわかりませんが、平日の昼間から高級ホテルのラウンジでワインを飲めるのですから、ごく普通のサラリーマンでないことはたしかです。

身につけている服や時計を見るかぎり、金銭的にはかなり裕福な立場であることは間違いありません。

その後、私が電車に乗って帰宅していると、缶チューハイを手にした50代くらいのサラリーマンと見られる男性が向かいの席に座りました。

ワイシャツのボタンはだらしなく外され、ネクタイはスーツのポケットにくしゃくしゃなまま押し込められていました。席につくなり、その男性は缶チューハイをプシュッと開けてひとり晩酌を始めました。隣に座っていたＯＬさんは、眉間にしわを寄せたまま席を立ちました。

男性にとっては、仕事終わりのささやかな楽しみなのかもしれませんが、まわりの人の見る目は冷ややかでした。

ここで問いたいのは、昼間からホテルでワインを飲む男性と電車で缶チューハイを飲む男性のどちらが人としてすぐれているか、ということではありません。

あなたなら、将来どちらの人生を手に入れたいか、ということです。

どちらを選ぶかはあなたの自由ですが、前者のような人生を手に入れたいのであれば、ぜひ本書を読み進めてほしいのです。なぜなら、若いうちにお金の正しい扱い方を学んでいるかどうかで、人生に大きな差が生まれてしまうからです。

「お金の不安ゼロ」の生き方

「お金のストレスフリー」という言葉を聞いたことがありますか？　社会人になったばかりのあなたは、頭の中にクエスチョンマークが浮かんだかもしれません。

「お金のストレスフリー」とは、文字通り「お金に不自由しない」ことを指し、具体的には「給料の額を上回る不労所得があること」だと定義しています。

不労所得は、働かなくても入ってくる収入のことで、金融商品の利子、配当、所有不動産の賃料収入などが該当します。

たとえ会社員であっても、月給以上の不労所得が毎月入ってくるのであれば、現在の仕事に縛られる必要はありません。極端な場合、仕事を辞めても食べていけます。

仕事を続けるにしても、楽しい気持ちで取り組むことができるでしょう。

まさにお金に関するストレスがない状態です。

先ほど登場した昼間からワインを飲む男性は、おそらくお金のストレスフリーの状態だったと想像できます。

私の場合も、現在、投資による不労所得が一定額入ってくるため、お金の大切さを伝えるための講演や執筆といった自分の好きな仕事に集中することができています。

日々、お金の不安がゼロである幸せをかみしめながら生きているのです。

「お金の奴隷」になってはいけない

入社1年目のあなたは、就職した会社で「よし、やるぞ！」とやる気に満ちているでしょう。もちろん、本書では「会社員を辞めること」をおすすめするわけではありません。会社員でもやりがいのある仕事はたくさんありますし、企業や組織でなければ得られない経験や満足感もあります。

ぜひ入社した会社で楽しみながら働き、仕事の成果を出してください。そのプロセスは、長い仕事人生を送るうえで必ず貴重な財産となるはずです。

ただ、入社1年目のあなたに私からアドバイスしたいのは、**「お金の正しい扱い方を知らないまま社会生活を送っていると、しなくてもいい苦労をすることになる」**ということです。

会社で働くことは労働対価を稼ぐことです。会社から支給される給与があなたの生活や将来を支えることになります。しかし、稼いだお金の扱い方を知らないと、まったくお金が貯まらず、毎月「お金が足りない」と嘆く結果となりかねません。

最悪、私と同じように借金を背負い、首がまわらなくなるおそれさえあります（これについては、後述します）。常にお金のことを心配しなければいけない人生は、まさに〝お金の奴隷〟になることを意味します。

経済的な自由を手に入れよう

一方、若いうちから適切なお金の扱い方を身につけている人は、お金で苦労することはありません。上手にお金と付き合うので、充実した生活を送る一方で、確実にお金も増えていきます。

つまり、お金に関するストレスがないまま生活し、将来的に大きな資産を築ける可能性が高いのです。私のように、働かずに済む「お金のストレスフリー」の状態を手に入れることも夢ではありません。

お金のことなどこれまで真面目に考えてこなかった、という人もいるでしょう。でも、安心してください。

本書では、これまでお金の適切な扱い方を学んでこなかった人でも理解できるように、お金の基本中の基本から解説していきます。

若いうちからお金との付き合い方を身につけておけば、確実にお金を増やすことができ、充実した人生を送ることができます。さらには、若くしてお金のストレスフリーを実現し、経済的な自由を手に入れることも不可能ではないのです。

お金との付き合い方は、学校では教えてくれない

お金に関して不安のない人生と、いつもお金に悩まされている人生。

あなたは、どちらを送りたいでしょうか？

答えは言うまでもありませんね。

でも、お金の不安のない人生を実現するのは簡単ではありません。

実際どうすれば可能になるのでしょうか。その方法を知っている人は少数派です。

だからこそ、世の中には30代、40代、50代になっても、あるいは会社をリタイアしたあとも、お金の不安から逃れられない人がたくさんいるのです。

残念ながら、お金との正しい付き合い方は、学校では教えてくれません。もちろん、会社の上司や先輩が教えてくれるわけでもない。

誰もがお金の〝教科書〟を開くことなく世に出ていくことになります。

ほとんどの入社1年目の新人は、いまだにお金との付き合い方を学ぶことなく、お金の不安を抱えながら社会で生活しています。

残酷なことに、人生を豊かにするには「お金」は必要不可欠なものでありながら、人は自分でお金の正しい扱い方を習得しなければならないのです。

時代とともにお金との付き合い方は変わる

しかも、お金の正しい扱い方は時代とともに変わっていきます。昔の常識が将来の非常識になることはめずらしくありません。

たとえば、昭和生まれである両親の世代とは、お金の常識は大きく異なります。

日本中がバブルを謳歌していた1980年代後半から1990年代前半までは、銀行の定期預金の金利が一時6％を超えていました。10年預けていれば倍近くになる計算です。普通預金でも2％を超えていました。

ゼロ金利が当たり前になった現在は、定期預金は0・01％、普通預金は0・001％程度ですから、にわかに信じられない話です。

ということは、金利が高かったバブル時代は、銀行に預けておくだけで資産を増やすことができたのです。退職金などでまとまった貯金を預けていた高齢世代は、預金の金利収入だけで安定した生活ができるだけの金額が入ってきたのです。

しかし今の時代、ただ銀行に預けていても、資産はほぼ増えません。

資産を効率的に増やしたければ、金融商品などへ投資をしてリスクをとらなければならない、というのが常識になっています。

✦住宅ローンを組むのは当たり前？

住宅に関する考え方も変わってきています。

ひと昔前までは、ローンを組んで新築一軒家を購入するのが会社員の理想とされていました。しかし、それは終身雇用・年功序列が当たり前で、給与が右肩上がりで増え続けることを前提にしています。

その前提が崩れた今、35年間返済を続ける住宅ローンを組んで住宅を購入することは、お金の面で大きなリスクを背負うことになります。

これからは、賃貸や中古住宅など、住まいの選択肢は広がっていくことでしょう。

もちろん、「収入以上に支出をしてはいけない」といった原理・原則は今も変わりませんが、お金との正しい付き合い方は、時代とともに変わっていきます。

両親の世代に教わろうと思っても、彼らが今の時代に即した答えをもっているとはかぎりません。時代錯誤な回答が返ってきてしまうおそれさえあります。

だからこそ、社会人1年目の若者も、時代に合ったお金との付き合い方を独学で習得していく必要があるのです。

「稼ぐ」に執着する人の末路

居酒屋などに行くと、隣の席から若手社員の愚痴が聞こえてくることがあります。

「うちの会社は給料が少ない！」

「こんな安月給ではろくな生活ができない。結婚だってむずかしい！」

給与に対する不平・不満は尽きません。もしかしたら、あなたもそんな不平・不満をもっているかもしれません。

しかし、「お金が足りない」という不満を常に抱えている人は、給与が上がっても「まだ足りない」「もっと会社は払うべきだ」と文句を言うに違いありません。

なぜなら、彼らは「稼ぐ」ことに執着しているからです。

もちろん、稼ぎが多いほうがよいに決まっていますが、稼ぎにこだわる人にかぎって、収入が増えるのに比例して、支出も増えていく。

つまり、もらった給料を残さず使ってしまうものです。


何を隠そう、入社1年目の私が、まさにその典型例でした。


大学を中退した私は、個人経営の学習塾で講師のアルバイトを経て、そのままその塾に正社員の講師として入社しました。

当時の初任給は約20万円で、18万円ほどの手取りでした。だから、ボーナスと合わせて年収300万円ほどだったと思います。

当時はお小遣いの延長のような感覚で、単純に「使えるお金が増えた」と喜びました。もともと親からのお小遣いやお年玉をきっちり使い切るタイプだった私は、毎月支給される給与もゼロになるまでキレイに使っていました。

幸か不幸か、私が働いていた学習塾は、生徒を増やした講師には、インセンティブ（成功報酬）が発生するしくみで、生徒たちとコミュニケーションをうまくとっていた私は、生徒の紹介という形でインセンティブによる報酬を増やしていきました。

その結果、学習塾を辞めることになる8年後には年収は1000万円を超え、入社1年目の3倍以上に達していました。

年収1000万円超なのに、借金500万円超

20代で1000万円の収入があった私は、いわゆる「高給取り」でしたが、入社から8年後、学習塾を辞める時点で貯金はゼロ。それどころか500万円以上の借金を抱えていました。

なぜ、こんなことになったのか？

それは、稼ぎに正比例する形で、支出も増えていったからです。

今振り返ると、20代のときのお金の使い方は尋常ではありませんでした。

高級ブランドのスーツやネクタイ、カバン、靴を買いあさり、一度の買い物で30万円使うこともありました。さらには、分割払いで購入していたのですが、その借金を払い終える前に新しいブランドものを購入していたのですから、借金はふくらむばかりです。

身なりと同様に、人付き合いも派手になりました。

会社の同僚とは毎晩のように飲み歩き、キャバクラに出入りしては、派手に散財していました。さらには、競馬やパチンコなどのギャンブルにも手を出すようになり、収入のほとんどが消えていきました。

しかし、いったんそのような派手な生活を覚えると、歯止めがきかなくなります。そのうち収入以上のお金を使うようになり、複数のカードローンに手を出し、借金が雪だるま式に増えていきました。

そして、いよいよ毎月の給与の9割をカードの返済にまわさなければならなくなると、消費者金融に頼らざるを得なくなりました。今は法律で利息の制限がありますが、当時の消費者金融は利息が40％以上の高利貸しでした。

その結果、気づいたときには、借金が５００万円を超えていました。

なぜ、私は１０００万円の収入を稼いでいたのに、悲惨な末路を迎えてしまったのでしょうか。

それは、お金を「稼ぐ」ことにフォーカスしすぎていたからです。

いかに収入を増やすかばかりを考えて、その稼いだお金とどう付き合っていくべきかを意識していなかったのです。だから、稼いだ分をすべて浪費する結果となってしまったのです。

「稼ぐ」よりも大切な3つの視点

お金と上手に付き合える人は「稼ぐ」こと以上に、次の３つを意識しています。

① 貯める
② 使う

③ 増やす

具体的に何をすればよいかは、あとでじっくりと説明していきますが、この3つの視点を欠いたままお金持ちになる人はまれです。宝くじが当たったり、親からの相続で大金を手にしたりする人もいますが、3つの視点を欠いている人は確実に資産を食いつぶしていきます。

お金は意識しないと貯まりません。人間の欲は尽きませんから、手元にお金があればあるだけ使ってしまいます。お金の使い方のルールを決めなければ、欲望の思うままに浪費してしまいます。

当然、手元からお金が消えていけば、お金が増えることはありませんし、これからの時代は投資などで資産を形成するという発想がなければ、効率的に資産を増やすことはできません。

一方、お金と上手に付き合っている人は、「①貯める」「②使う」「③増やす」という3つの視点を意識して、自分なりのルールを徹底しています。

同じ年収でも、なかなか貯金が貯まらない人と確実に資産を増やしていく人がいるのは、これら3つの視点の有無が大きく関係しているのです。

実際、私自身も28歳のときに500万円以上の借金を抱えて生活が破たんしてからは、これら3つの観点からお金との付き合い方を見直し、数年で借金を完済、34歳のときには、「お金のストレスフリー」の状態を手に入れました。

最初から「①貯める」「②使う」「③増やす」の3つの視点が身についていれば、借金を抱えることもなかったのですが、お金に困窮する事態になったからこそ、この3つの大切さに気づくことができました。

もちろん、あなたは私と同じようにお金で苦しむ必要はありません。

私の経験から導き出した知恵を参考に、正しいお金との付き合い方を身につけてください。そうすれば借金などすることなく、確実に資産を増やすことができます。

「稼ぐ」に執着する人は、収入と支出が正比例

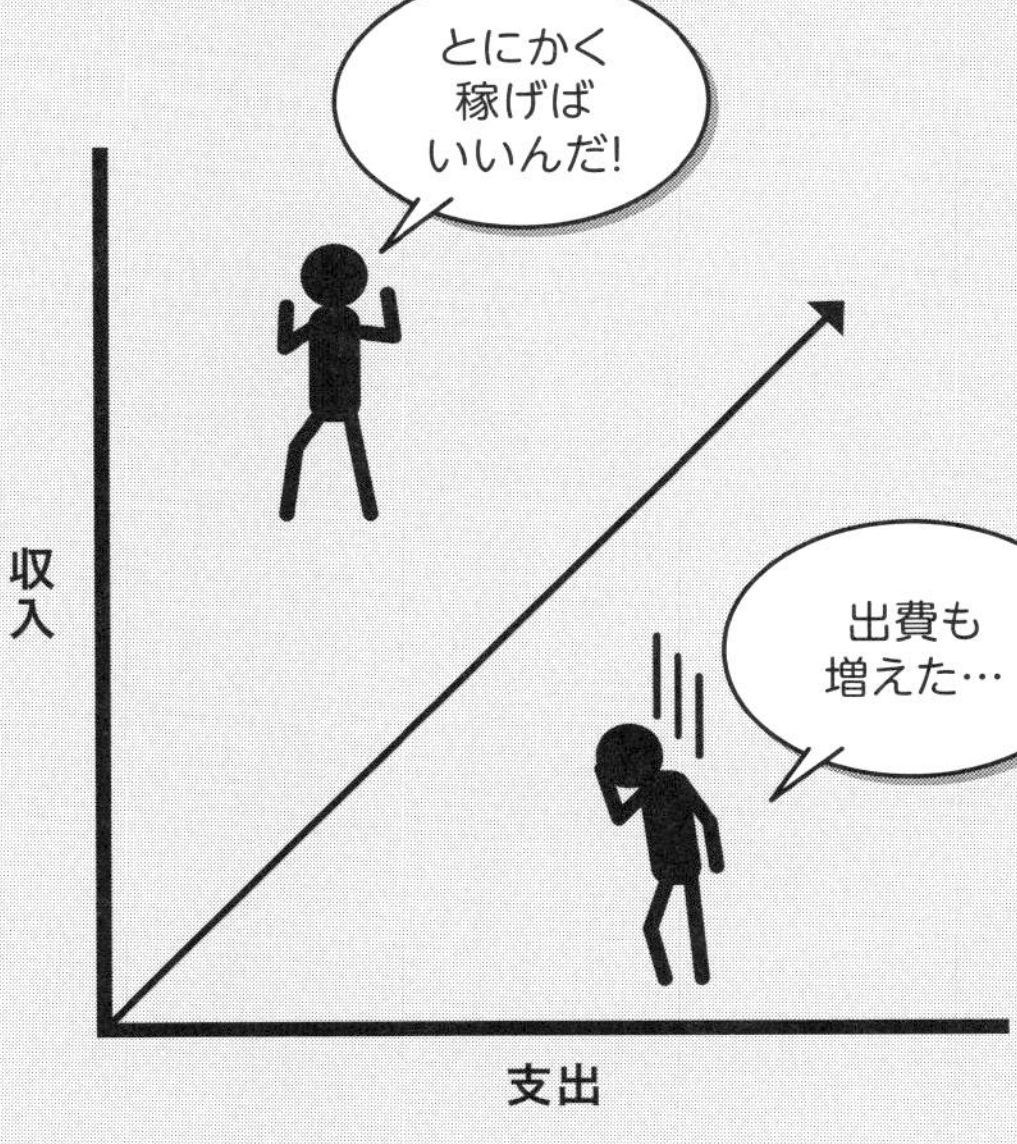

結局、貯金は減るハメに!

「お金」の失敗は若いうちにしよう！

正直に言いましょう。

私は入社1年目を迎えたあなたが、うらやましくてなりません。なぜなら、若いうちからお金と正しく向き合える人は、さまざまなメリットを享受《きょうじゅ》できるからです。

当然、20代のうちに貯金や投資の大切さに気づいた人は、30代、40代で気づいた人よりも、圧倒的に資産が大きくなり、楽しい人生を送ることができます。

たとえば、お金の使い方ひとつとっても、生活に必要な消費は毎日の積み重ねですから、賢い買い物をしている人と浪費ばかりしている人とでは、その資産額は大きく違ってくるはずです。

また、くわしい話は第４章に譲りますが、一般的に資産運用は期間が長ければ長いほど有利。20代のうちから投資で増やすという発想が身についていれば、そのメリットを最大限に享受できます。

若いうちからお金との付き合い方を学んでいる人は、資産を築く素地ができます。

少々極端な例ですが、「物言う株主」として一世を風靡《ふうび》した村上ファンドの村上世彰氏やアメリカの有名投資家であるウォーレン・バフェット氏は、小学生のときに株式投資を始めています。彼らにかぎらず、莫大な資産を築いている人は、子どもの頃からお金と正面から向き合い、その扱い方を身につけているものです。

一方、私は子どもの頃、両親から「ムダ遣いをしてはいけない」とよく言われていましたが、お金にまつわる教育といえば、そのくらいです。

そもそも子どもの買い物はほとんどムダ遣いでしかありません。何がムダ遣いなのか、何が正しいお金の使い方なのか、といったことは意識しないまま大人になってしまいました。お小遣いの延長線上で給与を使ってしまったのが、借金生活の始まりでした。

両親を責めるつもりは毛頭ありませんが、子どものときにもう少しお金との付き合い方を教えておいてくれれば、20代で借金に苦しめられるといった経験はしなくてすんだのかもしれません。

入社1年目のあなたは、まちがいなく「人生100年時代」を生きることになります。寿命が延びるのは悪いことではありませんが、長生きする分、必要なお金も増えていきます。そういう意味でも、若いうちからお金との正しい付き合い方を知っておいて損はありません。

入社1年目で本書を手に取ったあなたは、その時点で同世代の人と比べてかなり有利な立場にあるのです。

お金で「勝ち続けること」はあり得ない

もうひとつ、早い段階でお金の正しい付き合い方を身につけておくメリットがあります。それは、「失敗を経験できる」ことです。

人生の中では、お金で失敗することは多々あります。

たとえば、ムダ遣い。服を衝動買いしたけれどまったく着ることなく、タンスの肥やしになってしまった、という経験は多くの人が思い当たるのではないでしょうか。飲み会の二次会、三次会まで記憶のないまま付き合って、財布の中身が空になっていた、といったこともよくある失敗談です。

投資を始めれば、どんな人でも失敗することになります。100回投資して、100回とも成功することなどあり得ないからです。

何度も失敗を経験することによって、投資の知識やスキルは身についていきます。

若いうちであれば、お金に関する失敗をしても傷が浅くてすみます。ムダ遣いをしても少し高めの「授業料」を払ったと割り切ることができます。若い頃は投資資金も多くはないでしょうから、十分に取り戻すことができるでしょう。

極端なことをいえば、若い頃はお金がなくても、気力も体力もあるので、職を選ばなければ生活はできますし、何度でも敗者復活はできます。

しかし、30代、40代と年齢を重ねるほど、無理がきかなくなり、現状を維持するのがやっとになってしまいます。

私自身、お金の扱い方が悪かったので500万円を超える借金を抱える結果となりましたが、20代のときの失敗だったから、数年でリカバーすることができたといえます。また、失敗を経験したからこそ、お金と真剣に向き合い、正しい扱い方を身につけることができました。

逆に20代、30代のときに真面目にコツコツお金を貯めていたのに、40代になってキャバクラやギャンブルに目覚めてしまっていたら、今ごろ取り返しのつかない事態になっていたと思います。

そういう意味では、20代で失敗したのは不幸中の幸いでした。

入社1年目のあなたも、数多くのお金にまつわる失敗をすると思います。しかし、それは貴重な経験になりますし、本書で紹介するお金との付き合い方は、その失敗を最小限にとどめてくれます。転ばぬ先の杖として大いに活用してください。

お金の本質は「貯める」ではなく「使う」にある

明治安田生命が実施した新入社員を対象としたアンケートによると、新入社員の毎月の目標貯蓄額の平均は約5万688円でした（2017年度）。

新入社員の給与は手取りで20万円以下が多いでしょうから、決して小さい額ではありません。最近の若者は物欲が少なく、ムダ遣いをしないといわれるように、貯金に対する意識はずいぶんと高い印象です。

先日、入社1年目の若者と話をする機会があったのですが、彼はこんなことを言っていました。

「貯金が趣味です。老後が不安なので、今からしっかり貯めていきたいです」

実際、彼は給与の半分近くを貯金にまわしているとのこと。この発言に感心する人もいるかもしれませんが、私はかえって心配になりました。

なぜなら、お金を貯めること自体に意味はないからです。

お金は使うためにあるもので、「どう使うか」のほうが重要です。お金の使い方しだいで、人生の質や充実度が変わってくるといっても過言ではありません。

貯金が趣味になっている人は、「貯金額が増えていくのを見るのが楽しい」と言います。ゲームのスコアが上がっていくような感覚なのかもしれませんが、果たして貯金が目的の人生は幸せだといえるでしょうか。もちろん、人の価値観はそれぞれですから、お金を使わずに貯め込む行為を非難するつもりはありません。借金を抱えて泥沼から這い上がれない人生よりは、はるかにましですから。

しかし、これからの長い人生を考えれば、お金を貯めるだけではつまらない。

とくに若いときは自己投資をすることも大事です。

たとえば、「語学留学をしたい」「資格やMBAを取得したい」という目標を実現するためにお金を貯める人は、それを達成できれば、キャリアアップや収入アップにつながります。仕事や人生の幅も広がるでしょう。

こうしたお金のかかる目標を達成しようと思えば、思うように資産は増えていきません。場合によっては借金をする必要もあるかもしれません。

しかし、長い目で見れば、生活費を切り詰めてひたすら貯金が増えるのを楽しむ人生よりも、最終的には大きな資産を築ける可能性が広がりますし、なにより人生の充実度も高まるでしょう。

お金の活かし方で人生の質が決まる

私はこれまで3000人を超えるお金持ちと交流してきました。彼らを観察してきて言えることは、**ビジネスで成功した人や多額の資産を築いた人は、若いうちに自己**

投資をしている、ということです。

世界一周をして見聞を広めたり、海外で生活をして語学力や人脈を獲得したり、ビジネスや金融の知識やノウハウを習得するために自己投資をしたりといったことにお金を使っています。20代の頃は借金があったという人も少なくありません。

もちろん、借金を奨励するつもりはありませんが、お金は使うべきところに使うことによって、初めて活かすことができます。銀行に寝かせておくだけでは、雀《すずめ》の涙程度の利息がつくだけで、人生を豊かにすることはできません。

お金をテーマにした本は、いかにお金を節約して貯めるか、あるいは、いかにお金を投資して増やすかにフォーカスしがちですが、「いかにお金を使うか」もお金と付き合ううえでは重要なのです。

新入社員が老後のことを考えるな！

「老後が不安だからお金を貯めている」という若者にも会ったことがあります。たしかに、少子高齢化や年金にまつわるニュースを見ていれば、漠然とした不安に襲われるのもしかたありません。

しかし、あなたが20代なら、老後資金のことを心配することに、どれだけの意味があるでしょうか。

40代、50代の人であれば、そろそろ本気で老後資金のことを考えたほうがいいでしょうが、これから70年も80年も生きることになる若者であれば、いかに長く稼げるスキルやノウハウを習得するか、ということを考えたほうが有意義でしょう。

そのために資金が必要であれば、目標金額を明確にして貯める努力をする。20代の若者にとっては、それが正しいお金の使い方ではないでしょうか。

実際、使う理由が明確なお金は貯まりやすいのです。目標金額がはっきりしていて、貯金するためのモチベーションも高いので、すんなりと貯まるものです。

一方で、「なんとなく将来が不安だから」というあいまいな理由で貯めようとしても、なかなか思うように貯まらないのが現実です。

給料は「消費」「浪費」「投資」に分けて考える

あなたは初任給を何に、いくら使ったか把握しているでしょうか。

家計簿をつけている人はまれなので、多くの人は「収入を超えないように使った」という程度の認識ぐらいしかないかもしれません。

しかし、お金と上手に付き合っていくには、「戦略」が必要です。

まず、お金の使い道には、大きく3つあることを知りましょう。

①　消費

② 浪費
③ 投資

「①消費」とは、人が生活していくために必要なお金のこと。食費、住居費、光熱費、交通費、通信費など、衣食住にかかわるものです。

「②浪費」は、まさしくムダ遣いしたお金。ギャンブル代やキャバクラでの飲み代、タバコ代、たいして着ることなくタンスの肥やしになってしまった洋服代、などです。

「③投資」とは、自分の将来の目標のために使うお金。貯金や金融商品（株式投資など）への投資にまわす資金も、これに該当します。そのほか、セミナーや勉強会への参加費、資格取得のための学費、書籍代なども投資に含まれます。また、交際費や飲食代も、人脈を広げることや何かを学ぶためであれば投資といえます。たとえば、「この人から、仕事や人生がうまくいく秘訣を知りたい」「今後、仕事でお世話になることがありそうだから、つながっておこう」といった狙いがあれば、「投資」に区分してもよいでしょう。

お金持ちになる人は、自分のお金を何に、どのくらい使っているかを意識していま す。一方、使い道を意識していない人は、コンビニに立ち寄るたびに衝動買いを繰り返してしまうのです。

まずは、お金の使い道には3つあることを意識することが、お金を正しく扱うための第一歩となります。

適度な浪費はOK!

では、毎月の給与をどのような配分で3つに振り分ければいいでしょうか。

私の経験からいえば、次の割合をキープするのが理想です。

① 消費→70%
② 浪費→10%

③ 投資↓20％

当然、衣食住に必要不可欠な消費が支出の大部分を占めることになります。給与が高くない入社1年目であれば、70％は生活費に充てる必要が出てくるでしょう。投資には給与の20％を充てます。20万円の手取りであれば、4万円は投資にまわすのが理想です。

しかし、入社1年目だともっと手取りが低く、生活が苦しい場合もあります。そのケースでは、最初は消費80％、投資10％から始めて、しだいに投資を20％に近づけるという形でもいいでしょう。ただ、0％は絶対NG。たとえ1％であっても投資にまわすこと。そうでないと、いつまでたってもお金は増えませんし、自己成長もできません。

ポイントは、10％の浪費をOKとすること。

貯金や節約をするにあたり浪費は絶対にダメというイメージをもっている人は多いかもしれませんが、生真面目にやりすぎると長続きしません。

根が真面目な人の中には、「もう飲み会には行かない」「好きなスイーツも絶対買わない」というように根を詰めてしまう人もいます。

しかし、ダイエットと同じで、無理をしすぎるとリバウンドしてしまいます。ときには息抜きも必要です。

お金との付き合いは一生続きます。まったく浪費ができずにストレスをためれば、すべてが嫌になって暴発し、過度な浪費に走ってしまうかもしれません。

ある程度の浪費は、自分に許してあげましょう。

なお、賞与（ボーナス）についても最低でも20％を投資にあてるようにします。もちろん全額投資にまわしてもよいですが、家電や家具、衣服（スーツなど）、などまとまった金額が必要な場合は現実的には賞与が頼りになります。入社1年目は買いそろえなければならないものも多いはずですから、ある程度の支出は大目に見てもいいでしょう。

ただ、全額消費や浪費にまわしてはダメ。投資にまわす割合は賞与額にもよりますが、必ず一定割合以上を投資に振り向けることがお金を貯めるポイントになります。

消費・浪費・投資の分類

①**消費**：生活するために必須なお金
②**浪費**：ムダ遣いしたお金
③**投資**：自分の将来の目標のために使うお金

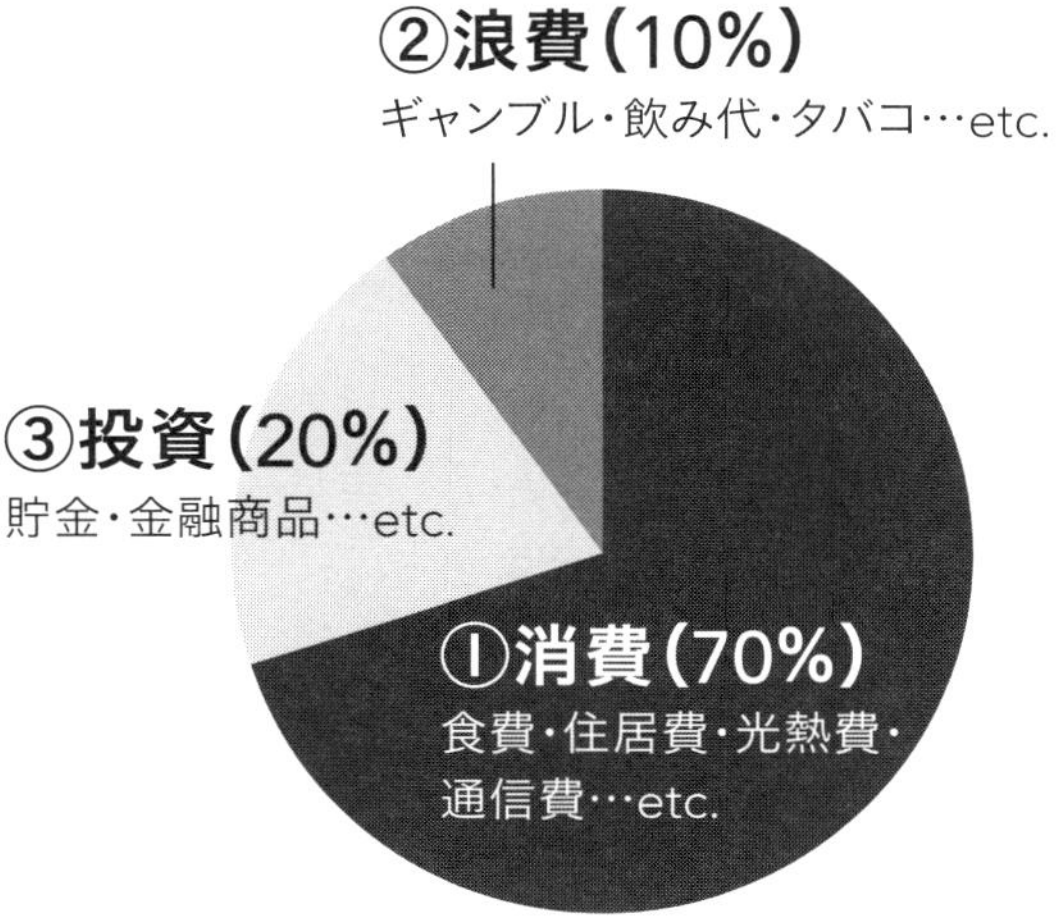

理想的なバランスはこれ！

「お金に働いてもらう生き方」をしよう

本書では、「①貯める」「②使う」だけではなく、「③増やす」という視点からもお金の扱い方を述べていきます。

率直に言うと、本書における「増やす」とは、投資（資産運用）のことを指します。

投資と聞くだけで「ギャンブルみたいなものでしょ」「財産を失いそうで怖い」「堅実な性格の自分とは無縁の世界だ」といったイメージを抱く若者は少なくありません。

もちろん、投資に嫌悪感をもっている人は、稼いだお金をコツコツと貯金にまわすことで、ある程度の資産を築くことも可能です。

しかし、その場合、お金が増えるスピードはゆっくりです。目標金額を貯めるのにも時間がかかりますし、ましてや働かなくても経済的自由が得られる「お金のストレスフリー」の状態になるのは、ほぼ不可能です。

なぜなら、自らの時間を切り売りしてお金を稼ぎ続けなければならないからです。働くのをやめてしまえば、収入が途絶えて、貯金を切り崩すしかなくなります。

労働は自分が働かなければ収入は得られませんが、投資をすればお金に働いてもらうことができます。

投資から得られる収入のことを「不労所得」といいますが、お金にも働いてもらうことで、資産額はハイペースで増えていきます。少なくとも貯金だけをしている場合に比べて、何倍ものペースでお金が増えていく可能性があります。

ですから、本書ではお金のストレスフリーの状態を手にするために、入社1年目の人であっても投資を視野に入れることを推奨しているのです。

少々専門的な話をすると、2014年に発売された、トマ・ピケティ氏の『21世紀の資本』（みすず書房）がベストセラーになりました。

この中であきらかにされたのが、「r＞g」という不等式でした。ピケティは過去200年間のデータを分析した結果、資本収益率（r）は、経済成長率（g）を上回る。つまり、利潤（利回り益）、配当金、利息、貸出料など資本から入ってくる収入が、給与所得を上回ることを証明しました。

この理論からも、投資をしたほうが賢いということになります。

私たちは経済成長が前提の社会で生きている

「投資に目を向けよう」と主張すると、「そうはいっても、経済が悪くなったら損をする」と反論する人が必ずいます。

2018年2月現在、世界の景気は全般的に上向いていて、アメリカの株式市場も好調です。日本も世界経済に引っ張られるように景気は良好で、株式市場もバブル時代以来の株高に沸いています。

雇用面でも、新卒市場で売り手市場が続いているのは、あなたも知っての通り。それだけ企業の業績が好調だということです。

日本経済が上向いているときは株式市場も上昇するので、投資をやってもうまくいく可能性が高い。近年投資をした人の多くは、少なくない利益を得ているはずです。

しかし、好景気はいつまでも続きません。必ず終わりが訪れます。

投資に躊躇《ちゅうちょ》する人が心配するように、経済の調子が悪くなれば、投資で損を出す可能性も高まります。

実際、市場が大きく下げる局面では、資産の大半を失い、破産寸前に追い込まれる人も出てきます。そうしたニュースが流れるたびに、多くの人は「やはり株は怖い。手を出さないほうが無難だ」と思うのでしょう。

しかし、投資を通じてお金持ちになる人は、経済についてもっと大局的な視点からとらえています。景気は循環するものです。景気が良いときもあれば悪いときもある。長い時間をかけて山あり谷ありを繰り返しています。

それはさまざまな経済指標で確認できますし、日経平均などの株価を見れば、何度も好景気と不景気を繰り返しているのがわかります。

だから、景気が悪くなっている途中で株式投資をすれば、当然、値下がりして損する可能性が高くなる。しかし、もっと長期の視点で見れば、落ち込んでいた株価が再び上昇し、逆に利益が出る可能性があります。

ここで大事なポイントは、山あり谷ありを繰り返しながら、経済は成長を続けていくということです。

私たちが生きている資本主義という社会は、経済も市場も右肩上がりになることが前提になっています。

たとえば、2008年にリーマンショックが起きたのを覚えているでしょうか。世界経済が大混乱し、「100年に一度の危機」「資本主義の崩壊」とも言われました。

ところが、そんなことはウソだったかのように世界経済は回復。

アメリカの株式市場は最高値を更新し続け、日本経済も現在ではバブル崩壊後の最高値を更新しています。

もちろん、リーマンショックの前にも何度も経済危機は訪れましたが、そのたび景気は回復し、世界経済は成長を続けています。

少子高齢化の日本に投資しても大丈夫？

「そうはいっても、日本は少子高齢化社会だし、給与も増えていない。日本が成長するとは思えない」と悲観的な人もいるかもしれません。

気持ちはわかります。日本はバブル崩壊後、失われた20年という低成長時代を経験しました。だから、「投資をすれば絶対にお金が増える」と断言はできません。

でも、よく考えてみてください。

景気がよくなった実感はあまりないかもしれませんが、この20年の間に、日本人の生活はより便利に、より快適に、より豊かになったとは思いませんか？

たとえば20年前、スマホはおろか、携帯電話も普及していませんでした。家電の性能向上でより家事の負担は小さくなり、交通網の発達によって移動がさらに便利になりました。

「今より豊かな生活をしたい」というのは万国共通の願いです。

その思いが資本主義社会の原動力となり、世界の経済成長を実現しているのです。

投資とは、将来の成長（利益）に期待してお金を出すことです。

長い目で見て、経済も市場も右肩上がりになるなら、投資をしたほうがいいということです。

なお、何に投資すればよいかについては第4章でくわしく述べますが、投資の対象は日本市場だけではありません。

世界の市場にバランスよく投資するのが、本書の基本的なスタイルです。

仮に日本経済が停滞したとしても、経済成長が前提の資本主義社会では、必ず経済成長を遂げる国があるからです。

そういう意味では、日本経済を悲観する人でも、投資は選択肢のひとつになるはずです。

アメリカのダウ平均株価推移

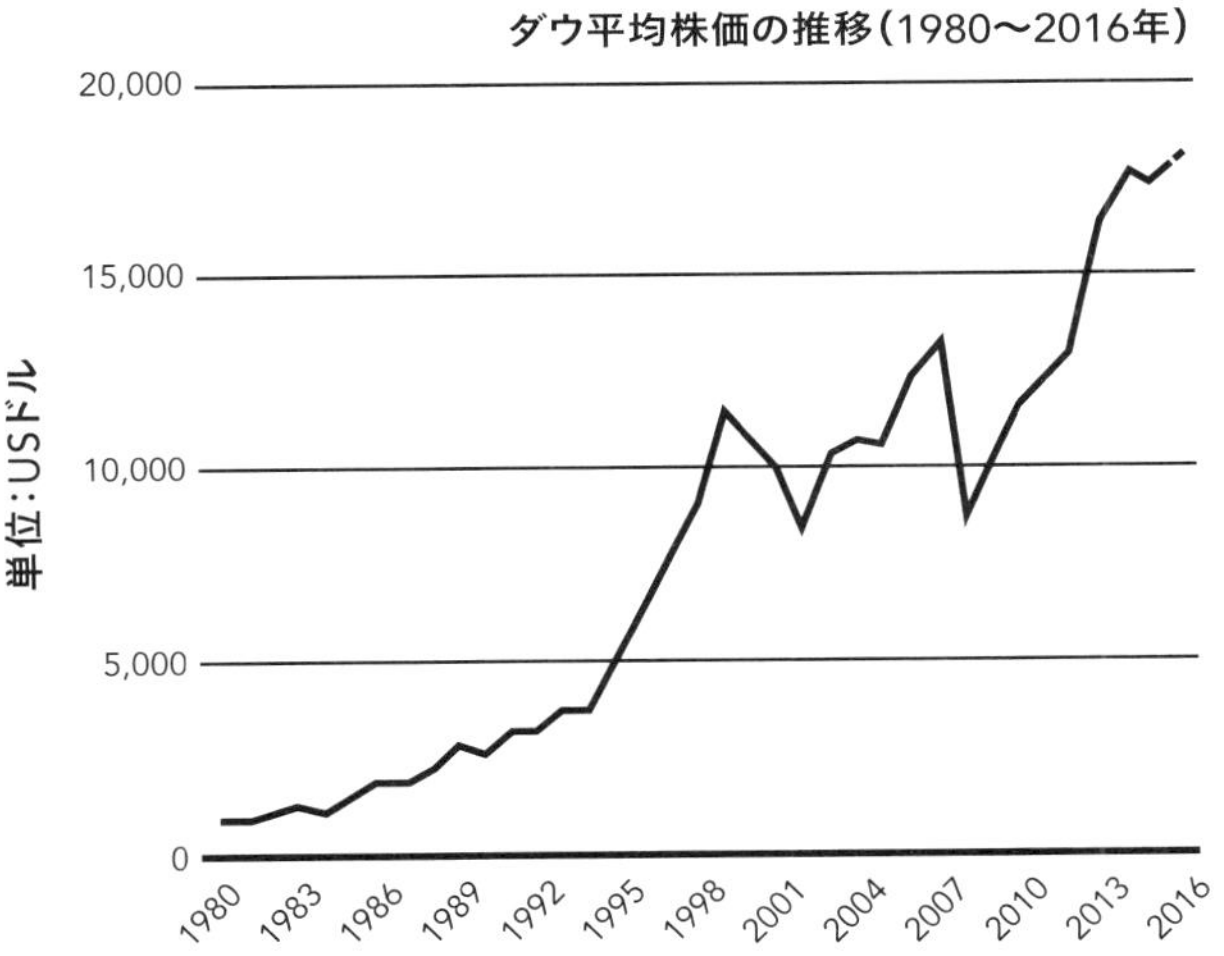

一貫して経済成長している！

Chapter 2

どうすればお金は貯まるのか？

ほとんどの夢は「貯金」だけで叶う

「宝くじで5億円当たったとしたら、あなたはどうしますか?」

先日、テレビの情報番組を観ていたら、レポーターが道行く人たちにアンケートをとっていました。その結果は以下の通りでした。

1位：貯金
2位：家を買う
3位：車を買う

4位：親孝行
5位：ブランド品を買う
6位：仕事を辞める
7位：住宅ローンを返済する
8位：美容で自分磨き
9位：株式購入
10位：世界一周旅行

いかがでしょうか。あなたもこのうちのひとつを答えたかもしれませんね。

しかし、お金の使い道をもう一度よく見てください。あることに気づくはずです。

1位の貯金、6位の仕事を辞めるは別にしても、そのほかはすべて宝くじが当選しなくてもできるものばかりです。

車やブランド品は節約して貯金をすれば買えないものではありませんし、最も高額な家でさえ、貯金を続けていれば購入できます。それは、自宅を購入する人がまわりに多いことを考えればわかるはずです。

言うまでもありませんが、1位の貯金も、宝くじが当たらなくてもできることです（さすがに、仕事を辞めるのは貯金だけでは難しいかもしれませんが、投資をすれば可能です）。

貯金だけで2年で500万円の借金を返済！

ここで何が言いたいかというと、**「宝くじに当選しなくても、人の夢や願望はきちんと貯金に取り組むことで実現できる」**ということです。宝くじほど夢はありませんが、貯金は確実にあなたの人生を豊かにするパワーをもっているのです。

お金を貯められない人にかぎって、「宝くじでも当たらないかなあ」とぼやき、律儀に毎回宝くじを購入しています。ジャンボ宝くじが当選する確率は1000万分の1といわれています。一説には雷に打たれて死亡する確率と同程度ともいわれますが、いずれにしても一生買い続けても当選する確率はかぎりなく低いのはたしかです。

そもそも当選金の割合（還元率）は、法律によって50％以下に決められているため、宝くじで儲けようという発想自体がおかしい。宝くじはあくまでも「夢を買う」ものなのです。

私自身、５００万円超の借金を返済できたのも、お金との付き合い方を見直し、お金を貯めることができたからです。

28歳で塾講師を辞めた私は製薬会社のルート営業職に転職し、年収は５００万円以下にダウンしました。それにともない、飲み会やキャバクラ、ギャンブルをやめたのはもちろんのこと、高級マンションから安アパートのワンルームに引っ越し、食費もできるかぎり切り詰めました。

その結果、約2年で５００万円超の借金を完済しました。年収の半分以上を返済にまわしたわけですから、貯金もバカにできません。

お金と上手に付き合っている人は、「貯める」という基本が身についています。

入社1年目のあなたも、ぜひ「貯める」ことの大切さを知り、貯めるのが苦にならない**「貯金体質」**を目指してください。

お金が貯まらない原因は「安月給だから」ではない

「収入が少ないから貯金ができない」

お金が貯まらない人の多くは、そうぼやきます。

しかし、収入が多い人は貯金ができるかというと、そんなこともありません。

私の20代の頃がそうだったように、稼いだ分をすべて使い切ってしまう人も少なくありません。食べれば太るのと同じように、収入が増えれば支出が増えていくのが一般的な人の傾向です。貯金する習慣が身についていなければ、いくら稼ぎが増えても貯金することはできません。

では、毎月貯金ができる人は、そうでない人と何が違うのか。

それは、「貯めたお金を何に使うか」のイメージが明確であることです。

「これを実現したい」という思いは、貯金をする大きな原動力になります。

お金が貯まらない人も、なんとなく「お金を貯めたいなあ」という気持ちをもっているかもしれません。しかし、「なんとなく」ではダメ。20代の頃も私もそうでしたが、その程度の気持ちだと「今さえ楽しければいい」という誘惑に負けてしまいます。

ある男性会社員の例を紹介しましょう。

大学卒業後、中小企業に就職した彼は、海外の大学でMBAを取得するという目標を達成するために、1000万円の費用を4年で貯めることに成功しました。1年あたり250万円のペースです。彼の年収は400万円ほどで、そこから税金や社会保険料も引かれますから、収入のほとんどを貯金にまわしたことになります。

彼はもともと学生時代から一人暮らしをしていたのですが、お金を貯めるために郊外にある実家に戻って住居費を節約。ランチなど外食をするときは、立ち食い蕎麦のかけ蕎麦と決め、会社の同僚との飲み会も、送別会など最低限のイベント以外は参加しませんでした。

目標額に向けてひたすら貯金に取り組んだ彼は、見事１０００万円を貯めてアメリカの大学に入学、２年後にＭＢＡを取得しました。

日本に帰国後は大手企業に就職し、30代で年収１０００万円を稼いでいます。

「将来のイメージ」が明確な人はお金が貯まりやすい

「将来こうなりたい」というイメージをもっている人は、お金が貯まりやすいです。それを実現するのに具体的にいくら貯めればいいか、目標額が見えるからです。

あなたは、将来どんな人生を送りたいでしょうか。

何か手に入れたいものはあるでしょうか。

３年後、５年後、10年後の将来を思い描いてみてください。

「資格を取得してキャリアアップしたい」「独立起業して自分でビジネスを始めてみ

たい」といった人生プランがあるなら、それに必要なお金も明確になります。

また、「世界一周旅行をしたい」「子どもの頃から憧れていた高級車を買いたい」という趣味に関する目標でもかまいません。

こうした目標が明確になっていると、日頃のお金の使い方も変わってきます。コンビニで美味しそうなスイーツやお菓子をついで買いしそうになったとき、グッとこらえることができます。飲み会に行っても二次会の誘惑に打ち勝つこともできます。

達成したいことがあるのに、それができていない状態だと、人はそのギャップに不満を感じ、解消したくなります。

目標が見えていると、具体的な行動に落とし込みやすくなるのです。

将来のイメージは具体的になればなるほど、それを達成するための行動も強化されていきます。

おすすめは、手に入れたいものを実際に見に行ったり、体験したりすることです。

私は子どもの頃から音楽を聴くのが好きで、ある高級オーディオセットが欲しくてたまりませんでした。当時の価格は25万円ほどだったので、まさに高嶺《たかね》の花でした。

しかし、私はそのオーディオセットが欲しくて、毎週のように家電量販店に通い、それが自分のものになる将来をイメージしながらひたすら眺めていました。

欲しいものに触れているうちに、それを手に入れたいという気持ちはますます強くなります。高校生だった私はアルバイトに励み、1年後にはとうとうそのオーディオセットを手に入れたのです。そのときの達成感と感動は今でも忘れられません。

欲しいものや達成したいことがあるなら、それに実際に触れてみるといいでしょう。

たとえば、資格取得や独立起業をしたいと思っているなら、すでにそれを実現している先輩の話を聞きに行く。まわりにそういう人がいなければ、SNSなどでつながりをもって、コンタクトを取るという方法もあります。

目標とする人の書籍を読んだり、講演会に参加したりしてもいいでしょう。

これは、将来のイメージや目標がまだ明確に思い描けていない人にもおすすめの方法です。

目標が明確でない人は貯金1000万円を目指せ!

入社1年目の若者だと、「まだ将来の具体的なイメージや目標がない」という人も少なくありません。実際、私自身も入社当時はそうしたイメージや目標がなかったために、浪費に走ってしまう結果となりました。

早いうちに将来のイメージが明確になるに越したことはありませんが、それらは社会人経験を積むなかで見えてくることもあります。私自身もそうでした。

そういう人に対して私はこうアドバイスをしています。

「目標が明確になるまでは、とりあえず1000万円の貯金を目標にしてください」

ここでいう1000万円は、純粋な預金だけでなく、投資も含めた資産額だととらえてください。

第1章で「お金を貯めること自体に意味はない。お金はどう使うかのほうが重要だ」という話をしたので矛盾するように感じるかもしれませんが、将来のイメージや目標がないと、何の目的もなく浪費してしまう可能性が高い。そうした事態を防ぐためにも一時的に1000万円を目標にするのです。もちろん、将来やりたいことが決まったら、貯めていたお金をその目標達成のために使えばいいのです。

では、なぜ1000万円なのでしょうか。

経験則からいえば、1000万円を貯めるには、完全に貯金体質になっていなければ不可能だからです。つまり、まるで歯磨きをするのと同じようにお金を貯めることが習慣として身についていないと、1000万円は貯まりません。

100万円を貯められるのも立派ですが、浪費をほどほどに抑えて時間をかければ100万円、200万円、300万円は自然と貯まっていきます。

しかし、１０００万円は強い意志がなければ貯まりません。

前述の①消費70％、②浪費10％、③投資20％のルールは徹底して守るだけでなく、ときには浪費を０％、消費を40％〜60％くらいに抑えて、そのぶん投資、つまり貯金にまわす必要もあります。

私はこれまで３０００人を超えるお金持ちを見てきましたが、多少無理をしてでも１０００万円以上の資金を短期間で貯めて、起業資金や資産運用など、自分のやりたいことにお金を使いたいという人は少なくありません。

そして、その資金を元手に、さらに大きなお金を稼ぎ出していくのです。

１０００万円貯められる人は、１億円も貯められる

お金持ちの貯金に関する感覚で共通していることがあります。

「１０００万円を貯めると、１億円を貯めるのはそれほど苦ではない」ということです。

１００万円から１０００万円まで貯めるのは大変だったが、１０００万円から1億円にするのは、案外すんなりと事が運んだ、というのです。

私自身もそのような感覚をもっています。１００万円の貯金のときは、とても1億円を貯めるなんて無理だと思っていましたが、資産が１０００万円を超えてからは、「もしかしたら1億円くらいいけるかも！」という感覚になっていました。

なぜ、このように感覚が変化するのでしょうか？

それは、１０００万円を貯める過程で貯金体質が身につくからです。

１０００万円を短期間で貯めるには、自分に課したお金のルールを徹底し、ぶれることなくやり遂げる必要があります。そうした生活をしているうちに、お金を貯める習慣が身についていくのでしょう。

さらには、１０００万円を貯める過程では、お金と真剣に向き合うことになり、お金の情報に対する感度も鋭くなっていきます。ふだん通っている通勤路を「赤色のものはないかな」と意識して歩いていると、さまざまな赤色のものが目に入ってくるように、お金について意識して生活していると、たとえばお得な情報や金融商品などの情報が自然と集まるようになります。その結果お金は加速度的に増えていくのです。

年収の2年分を貯めれば人生の選択肢が広がる

1000万円を目指すことは、生活や心の安定にもつながります。

私の感覚では、年収の2年分の貯金があれば、職を失ったとしてもゆとりをもって、次の人生を考えることができます。年収が400万円だとすると、800万円の貯金があれば、「まあ、なんとかなるかな」と思えますよね。

もし貯金が100万円ほどしかなければ、半年もすれば貯金も尽きてしまいますから、早く転職先を探さなければと焦ります。その結果、自分の希望する仕事とはほど遠い会社に就職する羽目になってしまいます。

もし貯金が年収の2年分あれば、じっくりと次の就職先を選ぶことができますし、場合によっては、留学したり、長期の旅行に出たり、自分で起業をしたりといったチャレンジもできます。人生の選択肢がグッと広がるのです。

１０００万円を目指して貯金をしていれば、半自動的に年収2年分を貯めることができます。そういう意味でも１０００万円を目指すことは理にかなっているのです。

とりあえず１０００万円を目指すメリットがもうひとつあります。

それは、そのプロセスで自分のしたいことや将来の理想のイメージが見えてくることです。お金が貯まっていくのにともない、「自分もやればできる」と自信がついてきます。自信がつくと、「あれをやってみたい、これをやってみたい」という欲が出てくるのです。

実際、私自身がそうでした。借金を返済し始めた頃は、自分が将来お金の大切さを伝えるために講演や執筆をするなど、夢にも思いませんでした。

借金を返済し、資産が増えていくにしたがって、「私のようにお金で苦労する人をなくしたい」という思いが強くなり、今に至るのです。

今、目標がなくても大丈夫。

貯金をすることで、きっとあなたらしい目標が見つかるはずです。

お金の「現在地」を把握する

初任給が銀行口座に振り込まれたとき——。入社1年目のあなたが社会人になったことを実感する瞬間ではないでしょうか。

あなたの初任給はいくらでしたか？

最初にいただく給与明細はじっくりと見るでしょうから、いくらの収入があったのかは、ほとんどの人が把握していると思います。

では、初任給を何にいくら使いましたか？

そしていくら残りましたか？

ほとんどの人は答えられないかもしれませんね。

毎月いくら支出しているかを把握している人は少数派です。

日頃から家計簿をつける習慣がある人は別でしょうが、そうでない人は初任給以上にお金を支出している可能性すらあります。

たいていは学生時代のバイト代よりも大きな金額が入ってくることになります。

気分が高揚して、学生時代よりも生活が派手になる可能性もあります。

また、就職を機に一人暮らしを始めた人は、家賃や光熱費などさまざまな出費も重なります。

まずは、支出を把握することが大事です。

当たり前ですが、支出を把握していなければ、お金は貯まりません。

支出が収入を上回り赤字を垂れ流していても、すぐに気づかないからです。

毎月いくらのお金が出ていくのか、自分の「お金の現在地」を知ることが、お金を貯める第一歩となります。

自分が今立っている位置がわからなければ、手元に地図があってもどちらの方向に進めばいいかわかりません。

「収入」に残業代は含めない

給与をもらい始めてから最初にすべきことは、自分の収入と支出を数字で把握することです。これが具体的にわかると、自分の現在地がわかります。

まずは3ヵ月間、収入と支出をデータ化してみましょう。

収入についてはほんとんどの人が会社からの給与のみでしょうから、給与明細を見れば、手取り収入がいくらかわかるはずです。

このとき重要なのは、基本的に残業代を含めないことです。

ひと昔前までは、残業代をあてにして生活費を工面するのが一般的でした。「最近、家計が苦しいから、もっと残業をしよう」と、社員自ら残業をすることも黙認されていたのです。

しかし、ご存じの通り、今の日本の産業界は働き方改革の真っ最中。

残業規制も厳しくなりつつあります。

すぐに残業が撲滅されることはないでしょうが、企業が生産性向上を重視し、残業をなくす方向に動くのは時代の要請でもあります。近い将来、残業代がまったく出ない、という職場もめずらしくはなくなるでしょう。

そういう時代の趨勢《すうせい》を踏まえて、残業代は出なくなるという前提で、毎月の収入に含めるのはやめるべきです。

もし現実に残業代が出たなら、それはボーナスととらえて、そのまま「投資」（貯金）などにまわしてしまいましょう。

そのほうがすっきりしますし、お金も早く貯まります。

「お金のノート」で支出額をざっくり把握する

お金の現在地をつかむうえでより重要なのは「支出」です。

もし支出が収入を上回っているなら大問題です。

何にお金を使っているのかを分析し、お金の使い方を改めなければなりません。

自分が使っているお金を把握する方法はシンプルです。

毎日、財布のなかにあるレシートを取り出して、いくら使ったかを「お金のノート」に書き出す。これだけです。

まず日付を書き入れ、そこに、その日に買った品物と金額を記入していきます。そして、最後に1日に使った合計金額も書いておきます。

これを毎日、続けるだけです。私はこれを「お金のノート」と呼んでいます。

お金のノートは、家計簿のように面倒ではありません。

「食費」「外食費」「住居費」といった面倒な仕訳はしなくても大丈夫です。

家計簿の場合、コンビニで「弁当」と「トイレットペーパー」を買ったときは、それぞれ「食費」と「住居費」に仕訳をして、記入する必要があります。

しかし、お金のノートでは、「コンビニ880円」といったアバウトな書き方でも問題ありません。下一ケタは、四捨五入してもOK。

ここで重要なのは、1日にどれくらいのお金を使っているかを把握することです。家計簿のように、1円単位で正確に記入する必要はありません。ざっくりでかまわないのです。

その代わり、使ったお金はもれなく書き出していきます。

レシートがもらえない自動販売機の飲み物やクレジットカードで決済した品物もすべて記録してください。クレジットカードは、引き落とし日ではなく、買い物をした日に記入すること。引き落とし日は翌月以降なので、記入を忘れる可能性があります。

ちなみに、スマホなどにメモを残す形でもかまいません。

面倒でなければ家計簿アプリなどを使ってもよいでしょう。今の若い人はノートに手書きするよりも、スマホに入力するほうがハードルは低いかもしれません。

大切なのは、支出の記録をつけ続けることです。あくまでも支出額を把握するのが第一なので、面倒くさいやり方だけは避けてください。

3ヵ月続けると、消費のクセや問題行動が見える

1ヵ月間、「お金のノート」をつけていくと、1ヵ月のおおよその支出額を把握できます。入ってきたお金を、まるまる使っていたことに気づく人も多いでしょう。

「これではお金が貯まるはずがない」と自覚するはずです。

先ほど述べたように、お金を貯めるには、給与の2割を投資（貯金など）にまわすことが原則です。お金のノートで投資にまわせていないことがわかれば、給与の2割

を投資にまわすには、どうすればいいか、知恵を絞ることができます。

まずは、貯金ができていない現状に気づくことが、お金持ちになる第一歩なのです。

お金のノートは、3ヵ月続けてみてください。

3ヵ月も続けていると、おおよその平均値が出せるだけでなく、自分の消費行動を把握できます。つまり、自分がどこで、何に、どれだけのお金を使っているか、そして、いかにムダな出費をしていたのかがわかるのです。

たとえば仕事帰りに、なにげなくコンビニに立ち寄って、毎回スイーツやスナックを衝動買いしていることに気づけば、目的がないときはコンビニに立ち寄らないようにしよう、という発想になるかもしれません。

まずは、気軽にお金のノートをつけてみてください。

お金に関していろいろな発見があるはずです。

「お金のノート」記入例

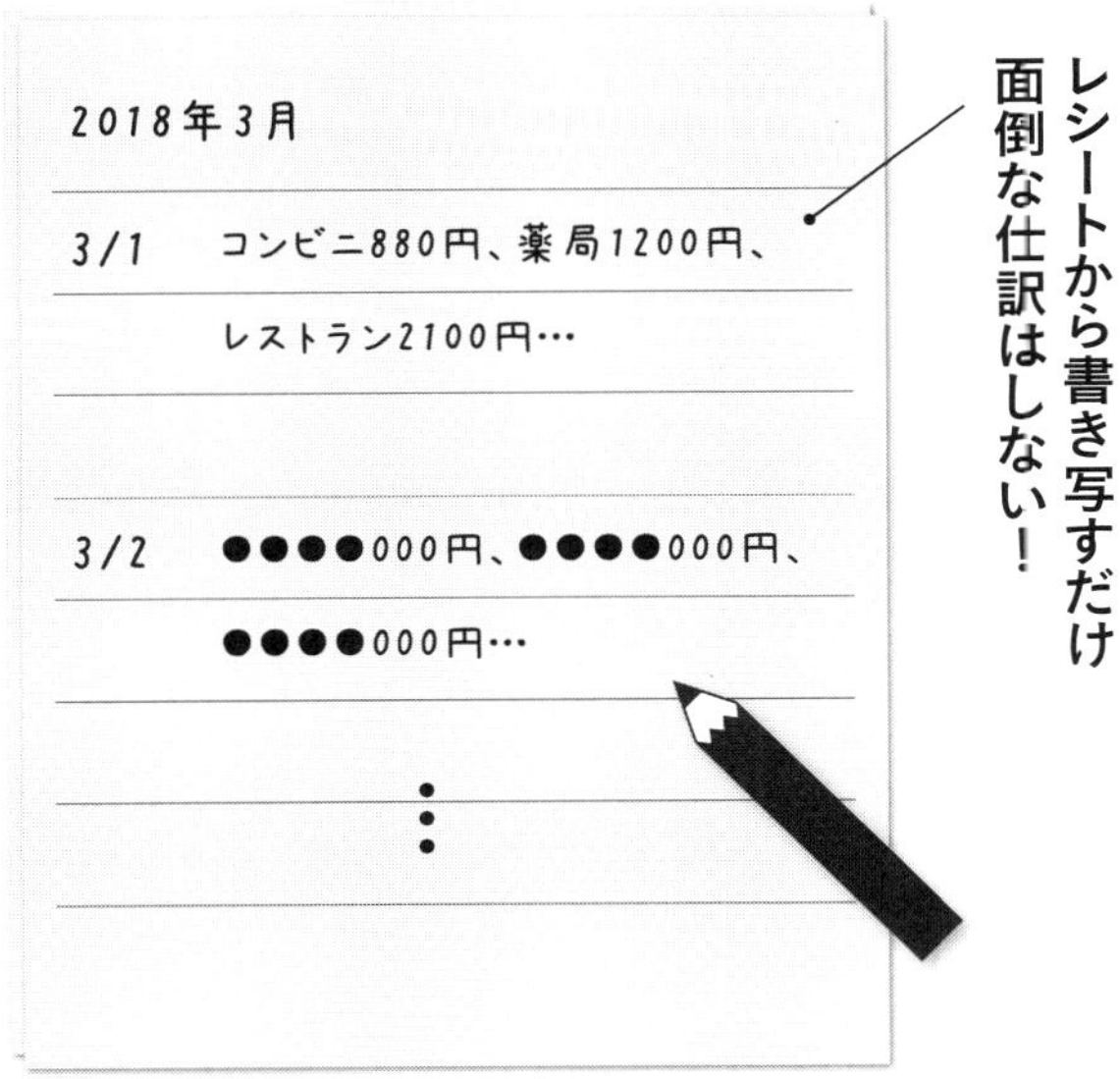

まずは3ヵ月続けてみよう！

支出を「消費」「浪費」「投資」に分類する

3ヵ月間（90日間）、お金のノートをつけて自分の「収入」と「支出」の数字をざっくり把握できたら、次のステップに進みます。

使ったお金を「①消費」「②浪費」「③投資」の3つに分けるのです。

これもやり方はシンプルです。

91日目からは、「お金のノート」を用いて、一つひとつの支出を「①消費」「②浪費」「③投資」の3つに分類していきます。

これも最低3ヵ月は続けてみましょう。

家計簿ではないので、「正確に分類しよう」と意気込みすぎないでください。面倒くさくなって続かなくなっては意味がありません。**どれに分類されるか迷う支出もあるかもしれませんが、最初は直感でもかまいません。まずは、ざっくりと数字をつかむのが目的ですから。**

支出を分類していくと、消費や浪費の割合がどの程度なのか、どれくらい投資にまわせているのかが数字で一目瞭然になります。

消費70％、浪費10％の基準を超えているようであれば、これらに分類される支出をカットする必要があります。

お金に対する感性が磨かれる

①消費、②浪費、③投資の３つの分類をしながら、出ていくお金をチェックしていくと、さまざまなことに気づきます。

「今月は、浪費が多かったな」

「投資のつもりで書籍を買っていたけれど、結局読まずにムダになっているな」

「後輩がいた手前、ランチで高いほうを注文してしまった」

「女の子がくるからという理由で、飲み会に参加したけれど、本来なら断るべきだった」

「1ヵ月に5000円もペットボトルの飲み物を買うくらいなら、家のお茶を水筒に入れてもっていたほうがいい」


今まで何となく使っていたお金を自覚的に管理するようになると、結果として、お金に対する感覚が研ぎ澄まされて、お金の活かし方がわかってくるのです。

ただ、ここで気をつけていただきたいのは、生真面目にやりすぎないこと。

浪費していることが明確になると、浪費を徹底的に減らしたくなります。

先述したように、ダイエットと同じで、無理をしすぎるとリバウンドしてしまいます。ある程度の浪費は、許してあげましょう。

「お金のノート」記入例（第2ステップ）

3ヵ月間「お金のノート」を記入したら次は…

使ったお金を
「消費」「浪費」「投資」に分類してみよう！

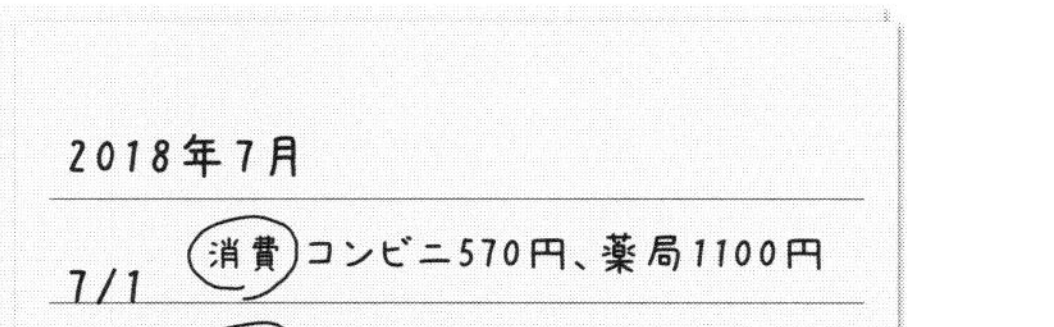

「貯める」には自動積み立てがいちばん

毎月の給与を何に、どの程度の金額を使っているかを把握できたら、今度は、①消費70%、②浪費10%、③投資20%の割合になるように調整していきます。

といってもむずかしく考える必要はありません。

給与をもらったら「③投資」に振り向ける20%を先に確保してしまうのです。

「お金が貯まらない」という人は、給与の余った分を預金にまわそうと考えがちです。

しかし、よほど収入が多いか、意志が強い人でなければ、20%が残るように支出をコントロールすることはできません。

たいていの人は、もらった分をまるまる使ってしまうもの。支出を抑えればお金は貯まりますが、悲しいかな当たり前のことを当たり前にできないのが人間です。

では、どうすればいいか。

意志とは関係なく、半強制的にお金が貯まるしくみをつくればいいのです。

具体的には、銀行の「自動積み立て」を利用します。毎月、自分が設定した金額を強制的に給与口座から引き落とし、積み立ててくれます。こちらから何もアクションを起こさなくても、自動的に定期預金にお金が貯まっていくのです。

もし手取りの給与が20万円だとしたら、20%の4万円を投資にまわします(もちろん余裕があるなら20%以上を投資にまわしてもかまいません)。しかし、セミナーや勉強会の参加費、書籍の購入などの投資に使う可能性もあるので、5000円もしくは1万円を手元に残し、残りを自動積み立てにするといいでしょう。

ただし、一度自動積み立ての設定をすると、有無を言わさず積み立てられてしまうので、無理な金額設定にならないよう気をつける必要があります。

入社1年目の給与は低く、生活費(消費)がギリギリになるケースもあるので、20

%ではなく、10%を投資にまわし、自動積み立てにするといった調整は必要になります。

ただし、ここでも0%にするのは禁物です。たとえ1%でも5%でも投資にまわしてください。この段階では貯金の習慣を身につけることが重要です。

お金との付き合い方のポイントをつかみ、消費や浪費をコントロールできようになったら、投資20%も苦ではなくなるはずです。

銀行口座はひとつで十分

どの銀行でも自動積み立ての制度があるはずなので、給与の振り込み口座をもつ銀行で、自動積み立ての手続きをすればいいでしょう。

たまに複数の銀行口座をもっている人がいますが、それはお金の管理が煩雑になるというデメリットがあります。

たとえば、給与の振り込み口座と光熱費やクレジットカードの引き落とし用の口座が異なると、お金を口座間で動かす必要がありますし、お金がいくら入ってきて、いくら出ていったかを把握しにくくなります。

したがって、給与の振込口座と各種引き落としがされる口座は、一本化したほうがお金の流れがシンプルになって便利です。

講演会やセミナーの参加者から「どの銀行がおすすめですか?」とよく聞かれますが、はっきり言って、「どの銀行でも大差ない」というのが正直な答えです。

今は超低金利時代なので、どの銀行に預けても利息はほとんど変わりません。

強いて言えば、ネット銀行のほうが利息は高い傾向にありますが、それでも低金利であることに変わりはないので、あえてネット銀行を選ぶ必要もないと思っています。

それよりも、引き出しや振り込みの手数料がとられない銀行を選ぶことのほうが重要です。時間外取引だと108円、あるいは216円の利用手数料をとられます。雀の涙レベルの利息では、1回手数料をとられれば吹き飛んでしまいます。

ちなみに私は長年、新生銀行の口座を使っていますが、セブン-イレブンやファミリーマートなどコンビニのATMでも手数料0円で利用できるので重宝しています。

Chapter 3

20代のための
お金の
賢い使い方

「所有」ではなく「シェア」する時代へ

ひと昔前まで、家計における三大支出は、「家」「車」「保険」でした。

住宅ローンを組んでマイホームを手に入れ、自動車ローンでマイカーを購入し、万一に備えて生命保険に入る。いずれも高額で、長い時間をかけて毎月支払いを続けることになるので、家計に占める割合は当然大きくなっていました。

しかし、今は「所有」する時代ではなく、「シェア」する時代です。何でもかんでも自分のものにするのではなく、使った分だけ支払うのが当たり前になってきています。

たとえば住居に関していえば、マイホームをもって初めて一人前という時代の雰囲気がありました。しかし、今では若い人を中心にマイホーム信仰は崩れ去っています。賃貸で住みたい地域や物件に住むほうがクールだとされています（住居費についての考え方はあとでくわしく述べます）。

また、若い人の間では、シェアハウスも一定の支持を得ています。友人と部屋をシェアすれば、広めの部屋に安価で住むことができます。誰かといっしょに住むことが苦にならない人であれば、**住居をシェアするという発想もあり**でしょう。

車についても、若者の自動車離れが加速しています。

地方に住んでいて通勤に利用するなら自家用車は生活必需品といえますが、少なくとも都心では車をもたなくても十分に生活は成り立ちます。都心は公共交通網が発達しているので移動はラクですし、渋滞に巻き込まれる心配もありません。

また、コストの面でも車を所有することは大きな負担になります。自動車ローンはもちろんのこと、駐車場代やガソリン代、税金、車検料など維持費用もバカにならないのです。

したがって、都心でマイカーを所有するくらいなら、タクシーやレンタカーを活用したほうが安上がりです。

もちろん、移動のたびにタクシーを利用するのはムダ使いですが、荷物が多いときや天候が悪いときなど必要に迫られたときはタクシーに乗ってもいいでしょう。少なくともマイカーを所有するよりは圧倒的に安くすみます。

ちなみに、東京では初乗り運賃が４１０円に値下げされて、気軽に利用しやすくなりました。**突然の雨に降られて５００円でビニール傘を購入するよりもワンメーターで移動できる距離ならタクシーに乗ってしまったほうが安いのです。**

また、ちょっとした旅行に出かけるときも、レンタカーを借りれば事足ります。車を使うような遠出は、せいぜい月に１、２度でしょうから、そのためにマイカーを所有するのはコストパフォーマンスが悪いといえます。

生命保険は積み重なると大きな出費になる

保険についても以前は、若い人でも生命保険に加入するのが当たり前でした。今では少なくなりましたが、かつては保険の外交員が会社にやってきて、新入社員に保険に入るよう勧誘していたものです。

万一のときを考えると保険に入っていたほうが安心するかもしれませんが、毎月の保険料が積み重なると大きな出費になります。月2万円の保険に加入したとしたら、1年で24万円、10年で240万円、40年払い続けたとしたら960万円になります。

第5章でもくわしく述べますが、**あくまで保険は万一の事態が起きたとき、自分や家族が金銭的に困らないようにするためのセーフティーネットです。**

扶養する家族がいないのであれば、仮にあなたが亡くなっても金銭的に困る人はいません。また、ある程度の貯金があり、入院費用を捻出できるのであれば、保険に入っていなくても事足ります。とくに20代の健康な若者であれば、病気で入院するような機会はそうそうありません。

もちろん、保険に入っていて救われるケースもありますが、その一方で、毎月決まった額の支払いが積み重なっていくことは考慮すべきです。

「スマホ代」の差はバカにできない

「人生の三大支出」と聞いて、何を思い浮かべるでしょうか。

一般的には、「住居費」「教育費」「老後の生活費」の3つといわれています。

しかし、入社1年目のあなたには、あまりピンとこないかもしれません。教育費は子どもが産まれてからの話ですし、老後の生活費は40～50年先のことです。また、実家から通っている人なら、当面は住居費も関係ないかもしれません。

もちろん、将来的にこれら3つの支出は大きな負担になってくるので、長い人生を見据えて、毎月の給与から投資（貯金を含む）にまわす必要があります。

ただ、本書は入社1年目の若者が対象なので、ここでは「入社1年目の三大支出」に絞って述べていきましょう。

20代の若者が賢くお金を使うために、次の3つの出費に注意が必要です。

① 通信費
② 住居費
③ コト消費

固定費カットは節約効果が大きい

まずは、通信費から説明していきましょう。

一人暮らしの若い人のほとんどは固定電話をもっていないでしょうから、実質的には「通信費＝スマートフォンの通信料」となります。若い人ほどスマホの利用頻度が高い傾向にあるので、入社1年目の皆さんは、とくに通信費に注意を払うべきです。

通信料は、毎月支出される「固定費」です。

固定費は家賃などと同じ、毎月決まって出ていく金額ですから、消費のなかでも大きな割合を占めることになります。したがって、お金を節約しようと思えば、この固定費をいかに抑えるかがポイントとなるのです。

あなたは、スマホ代にいくら費やしているでしょうか？

月に1万円以上払っている人もいるかもしれません。月額1万円だとしたら、1年で12万円、10年で120万円にもなります。入社1年目のあなたにとっては、決して小さい額ではありません。

もちろん、「スマホをもたない」という選択はできないでしょうから、できるだけ毎月の支払い額を小さくすることを考えましょう。固定費は毎月の支払いですから、いったん低く抑えることができれば、その節約効果は大きくなります。

最近では、三大キャリア（ドコモ、au、ソフトバンク）のほかに、格安スマホ（格安ＳＩＭ）も選べるようになっています。同じようなプランでも格安スマホは半額以下で利用できるので手っ取り早く固定費を下げることができます。機能面で大きくは

恐れ入ります
切手を
お貼りください

郵便はがき

162-0816

東京都新宿区白銀町１番１３号

きずな出版 編集部 行

フリガナ

お名前　　男性／女性
未婚／既婚

(〒　　-　　)
ご住所

ご職業

年齢　10代　20代　30代　40代　50代　60代　70代～

E-mail

※きずな出版からのお知らせをご希望の方は是非ご記入ください。

愛読者カード

ご購読ありがとうございます。今後の出版企画の参考とさせていただきますので、アンケートにご協力をお願いいたします(きずな出版サイトでも受付中です)。

[1] ご購入いただいた本のタイトル

[2] この本をどこでお知りになりましたか?
1. 書店の店頭　2. 紹介記事(媒体名:　)
3. 広告(新聞/雑誌/インターネット:媒体名　)
4. 友人・知人からの勧め　5.その他(　)

[3] どちらの書店でお買い求めいただきましたか?

[4] ご購入いただいた動機をお聞かせください。
1. 著者が好きだから　2. タイトルに惹かれたから
3. 装丁がよかったから　4. 興味のある内容だから
5. 友人・知人に勧められたから
6. 広告を見て気になったから
(新聞/雑誌/インターネット:媒体名　)

[5] 最近、読んでおもしろかった本をお聞かせください。

[6] 今後、読んでみたい本の著者やテーマがあればお聞かせください。

[7] 本書をお読みになったご意見、ご感想をお聞かせください。
(お寄せいただいたご感想は、新聞広告や紹介記事等で使わせていただく場合がございます)

ご協力ありがとうございました。

変わらないのであれば、格安スマホに乗り換えるのもひとつの選択肢になるでしょう。

長い目で見ると、スマホ代が月8000円かかっている人と月4000円ですむ人とでは、節約できる額に大きな差が生まれます。

無料の通話手段を活用する

最近はスマホの通話料などを安くすませる手段もたくさんあります。

たとえば、私は誰かに電話をかけるときは、フェイスブックの通話機能を使っています。通話料はかかりませんし、クリアに相手の声も聞こえます。通話をするうえではまったく支障はありません。LINEの通話機能なども通話料はかかりませんので、こちらを利用してもいいでしょう。

また、スカイプであれば通話料ゼロでテレビ電話ができますし、海外にいる家族や友人と時間を気にせずに話すことができます。

ぜひいろいろと工夫をして通信費を下げる努力をしてみてください。

少々家賃が高くても職場の近くに住む

「入社1年目の三大支出」の2つめは、住居費です。

住居費は、最大の固定費です。

入社1年目で手取りが20万円だとすると、家賃7万円の部屋に住めば、3分の1以上の金額が毎月出ていくことになります。そのインパクトは大きいでしょう。

したがって、住居費はできるだけ安くすませるに越したことはありません。

いちばん理想的なのは、実家から通うことです。

生活費を数万円入れるとしても、家賃を払うよりは、かなり固定費を低くすることができます。

「パラサイトしているみたいでイヤだ」「家族に迷惑をかけたくない」と言う人もいますが、家から出て自立するのは、仕事が軌道に乗り、ある程度の貯えができてからでも遅くありません。

もちろん、30代、40代になっても自立できないのは考えものですが、少なくとも入社1年目なら許されるのではないでしょうか。

親のスネはかじれるだけかじる。

親も一緒に住んでくれたほうが内心喜んでくれると思います。

✦家選びは「職住接近」が原則

家選びをするとき、多くの人は家賃の予算に応じて住むエリアや家を探します。

すると、入社1年目は給与も多くはないですから、どうしても郊外に家を借りることになります。

職場まで片道1時間以上かけて通っている人も少なくありません。

しかし、それはおすすめできません。

「時は金なり」といわれるように、お金持ちになる人は、みんな時間をムダにすることにストレスを感じています。**だから、お金が貯まる人ほど、じつは「職住接近」、つまり職場に近いところに家を借りているものです。**

通勤時間にあまり時間をかけずにすめば、趣味など自由に使える時間が増えますし、通勤列車の混雑に巻き込まれて疲弊することもありません。

朝から満員電車に押し込められてしまったら、ぐったりして大事な仕事がはかどりません。それでは本末転倒ですよね。

できれば職場から15分以内で通える物件、それが叶わないなら乗り換えなしで、30分以内に通える物件がいい。丁寧に物件探しをすれば、案外掘り出し物が見つかるものです。家賃は毎月の固定費になりますから、少し時間をかけてでもいい物件を探しましょう。

当然、都心の職場に近いエリアに住もうと思えば、その分、家賃は高くなるので、給与とのバランスを考慮する必要はあります。

しかし、物件の条件は多少悪くなったとしても、できるだけ職場の近くを選ぶことをおすすめします。

バリバリ働いている若い年代は、自然とビジネスに費やす時間が多くなるので、家にいる時間のほとんどは睡眠時間です。家の広さや居心地は多少目をつむっても問題ないのではないでしょうか。広くていい部屋に住むのは、もっと稼げるようになってからでも遅くありません。

マイホームを購入するか？　賃貸に住み続けるか？

入社1年目のあなたには、まだ遠い話かもしれませんが、マイホームを購入するか、賃貸に住み続けるかは、人生の大きな選択です。

購入するにせよ、賃貸にするにせよ、家計のなかで最も大きな金額を占めることになりますから、今から意識しておいても損にはなりません。

マイホームか、それとも賃貸か。これは永遠に議論が尽きないテーマです。

どちらが得かは一概にはいえません。何歳まで生きるか、どんな家に住むか、何年ローンを組むかなどによって損得は変わってきますし、何に幸せを感じるかという価値観にもよるからです。

しかし、お金のストレスフリーを目指すのであれば、賃貸に住み続けることをおすすめします。

なぜなら、人生はさまざまなリスクや環境の変化があるからです。それを前提に人生を設計する必要があります。

マイホームを購入することになれば、住宅ローンを組むことは避けられません。すでに多額の資産があってローンを組まずに家を購入できる場合は別ですが、家を購入するとき、たいていは20年、30年に及ぶ住宅ローンを組みます。

「持ち家は資産になるし、家賃を払い続けるのはもったいない」という人もいますが、リスクが高い状態です。収入が右肩上がりで計画通りにローンを返済できればいいですが、これから先、順調にローンを返済できると言い切れるでしょうか。

終身雇用や年功序列などが維持されていた時代は問題なかったのですが、今は収入が右肩上がりで伸びていく保証はありません。

20〜30年先のことは誰も見通せません。会社が倒産することや、リストラや転勤の対象になる可能性もあります。病気で人生プランが狂う可能性もあるでしょう。

それでも、ローンの返済だけは変わらず続けなければならない……。

つまり、臨機応変に対応することができないのです。

また、購入するには、一生同じ家に住み続ける覚悟が必要です。

しかし、人生100年時代になれば、仕事や家族の環境も変わっていきます。

たとえば、今はキャリアチェンジ（転職）するのが当たり前の時代です。今と同じ会社、ライフスタイルをずっと続けるほうがめずらしくなるでしょう。

また、将来子どもをもつことを想定して住宅を購入した場合、子どもが独立して出ていったら、夫婦2人で広い家に住むことになります。家そのものも20年、30年もすれば傷んできます。50年、60年にわたって住むには、リフォームなど補修も必要になります。

少し大げさな言い方をすれば、住宅ローンは地獄への第一歩なのです。

さらに致命的なのは、お金を増やす（投資）ためのタネ銭（元手）がなくなってしまうことです。

住宅ローンを組むと、その返済が優先され、投資などにまわすお金を工面しづらくなるのが現実です。会社でがむしゃらに働くだけでは、生活に不自由はしないかもしれませんが、お金のストレスフリーの状態を手に入れるチャンスはつかめません。

結局、ローンを返すための人生で終わってしまうのがオチです。

どうしても住宅ローンを組んで家を購入したいなら、家の資産価値が落ちにくい物件にすることです。都心で駅近の交通アクセスのよい物件なら、値下がり幅が小さいので、いざというとき売却することもできます。

賃貸なら臨機応変に生きていける

一方、賃貸にすれば、仮に転職やリストラで収入が下がったときでも、家賃の低い賃貸マンションに引っ越せば減収に対応できます。

そうして苦境を脱し、再起を図るチャンスを虎視眈々《こしたんたん》とねらえます。

状況の変化に合わせて、臨機応変に住み替えができるのが大きなメリットです。

もちろん、賃貸なら投資に振り向けるお金も確保できるので、確実に資産を増やすことも可能です。もし家を買いたいなら、キャッシュで購入できるだけの資産をつくってからでも遅くありません。

また、長いスパンで見れば、日本は人口減少社会に突入し、賃貸物件は余り始めます。その分、良好な物件を借りやすくなるはずです。

「賃貸だとお年寄りになってから借りにくくなる」と心配する人もいますが、これから高齢化社会が進むなかで、当然お年寄り向けの物件も出てくるはずですから、あまり心配することはないでしょう。

「コト消費」の支出に要注意！

最近の若者を見ていると、賢い買い物をしていると感じます。

たとえば、衣服。私が入社1年目の頃の時代は高級ブランドが花盛りで、若い人も少し無理をして高級ブランドを買いあさっていました。

私も例外ではなく、全身高級ブランドに身を包んでいた時期もありました。それも、破産寸前まで追い込まれた原因のひとつだったわけですが……。

しかし、今の若者はユニクロやH＆M、ZARAなどの安価なファストファッションをうまく普段着に取り入れていて、高嶺の花である高級ブランドに手を出したりはしません。

自動車に関しても同じことがいえます。

昔は高級車を買うのがステータスという感覚がありましたが、今の若者は積極的にリーズナブルな軽自動車を選びますし、都心の若者はレンタカーなどを活用して余計な出費を控えています。

消費者がお金を使う際に、所有することに重きを置いて商品を購入することを「モノ消費」と呼びますが、このモノ消費に関していえば、若者は上手に出費を抑えているように感じます。

ただし、その分、「コト消費」にお金をかけているように見受けられます。

「コト消費」とは、所有では得られない体験や思い出、人間関係に価値を見出して、お金を使うことを言います。

具体的には、旅行やレジャー、コンサートなどのイベント、スポーツ、飲み会、スマホゲームなどが挙げられます。

家計簿の費目でいうと、趣味・娯楽費や交際費といったものです。

つまり、今の若者は「モノ消費」よりも「コト消費」を重視する傾向にあるのです。それはもちろん悪いことではないのですが、「コト消費」の支出が増えすぎてしまうとお金が貯まりにくくなってしまいます。

交際費は大きな出費につながる

なかでも支出が大きくなりがちなのが友人や同僚との「交際費」です。

最近は、会社の上司や同僚との飲み会は減る傾向にあり、「家飲み」などリーズナブルなコミュニケーションのスタイルが若者に定着しています。

ただ、私もそうでしたが、お酒が入るとどうしても気が大きくなって、予算を考えずにお酒や食べ物を注文してしまったり、二次会、三次会へと流れ、挙句の果てには終電をなくしてタクシーで帰宅したりといったことが起きます。

ふだんはランチの数百円の差を気にする人でも、お酒が入ると、平気で1万円札を使ってしまうのです。

したがって、お酒が入る交際費は大きな出費につながりがちなので要注意。節度をもって参加することが大切です。

また、「飲み会に参加しない」という選択肢を検討することも重要です。

同じ飲み会の費用でも、「浪費」になることもあれば「投資」になることもあります。

たとえば、同僚と上司や会社の愚痴を言うだけの飲み会はストレス発散にはなるかもしれませんが、それ自体は何も生み出さないので「浪費」と位置づけられます。

一方、先輩に仕事のアドバイスをもらうことを目的にした飲み会や、人脈を広げるために異業種の人と会う飲み会は、将来につながるので「投資」と位置づけてもいいでしょう。

浪費になりそうな飲み会は、極力行かないのが原則です。

二次会も同じで、生産的なコミュニケーションがおこなわれるわけでもありませんし、たいてい酔っぱらっているので覚えていません。一次会で失礼してもほとんどの場合、問題ありません。

「彼は飲み会に誘っても来ない」「彼女は二次会には来ない」というイメージが定着

したら、まわりも無理に誘ってくることはなくなります。

ただ、浪費の1割の範囲に収まるのであれば、たまにはガス抜きに飲み会に参加するのもいいでしょう。何事も生真面目にやりすぎると長続きしなくなってしまいますから。


交際費にかぎらず、趣味や娯楽などは楽しいので、ついつい出費が多くなることがあります。浪費の1割の予算に収まっているかをチェックし、もし収まらないのであれば、節約して穴埋めをするなどの対策が必要です。

寝具にお金をかけるべき理由

「モノ消費」についても、ひとつアドバイスがあります。

給与が少ないうちは、なんでもかんでも安いものを買う傾向があります。

節約するのは悪いことではありませんが、モノ消費については長いスパンで見ることも大切です。

たとえば、寝具の値段はピンキリです。安いものは数千円で買えますし、高いものになると何十万円もします。お金に余裕がなければあまり選択の余地はありませんが、少し余裕があるなら、少し高価で質の高いものを買ったほうが、結果的にはコストパフォーマンスは高くなります。

寝具はまさにその代表格といえます。人は人生の3分の1を寝て過ごします。ということは、安眠できるかどうかで生活の質や疲れの取れ方も変わるのです。だから、お金持ちになればなるほど、寝具にはこだわりをもっています。

寝具は通常、何年も使うものですから、予算の許すかぎり高価で質の高いものを購入することをおすすめします。

たとえば、高級ホテルで使われるようなブランドの寝具を買えば、部屋は狭くても、睡眠の質は高級ホテル並みの効果が得られます。

これと同じことは家電にもいえます。たとえば、冷蔵庫は安物や中古を買ってしまうと電気代がかかって、金額をトータルで見ると、新品のいい冷蔵庫を買った場合と大差なくなる可能性があります。

ドライヤーも毎日使うものですから、あまり安いものは髪の毛が傷む原因になります。多少値が張っても髪の毛にやさしいドライヤーを購入することは、髪の毛のためにもなりますし、コストパフォーマンスも高くなります。

長い目で見るという点では、食べ物も一緒です。

お金がない頃は、食生活が乱れがちです。

安いものを優先すれば財布にはやさしいですが、体にはやさしくありません。

若い頃は少々の不摂生をしても平気ですが、ちりも積もれば山となるように、乱れた食生活は徐々に体をむしばんでいきます。私も年をとって体調を崩すようになってから、昔の暴飲暴食を反省するようになりました。

若いうちからオーガニック食品や高級食材を食べなさいというつもりはありませんが、最低限規則正しく、三食摂るということは心がけたほうがいいでしょう。

支払いは「現金」よりも「カード」で

生活で使うお金はこまめに引き出すべきか、それともまとめて引き出すべきか。これもよく聞かれる質問です。

ATMでこまめに引き出す人は、財布にたくさん現金が入っていると使ってしまう、あるいは多額の現金が手元にあると不安という理由でそうしているようです。

こまめに引き出したほうがお金は貯まるということであれば、その方法でまったく問題ありませんが、私の好みをあえて言わせてもらえば、**生活費として使うお金はまとめて一度に引き出したほうが効率的だ**と思っています。

なぜなら、ＡＴＭでお金を引き出すときに、手数料がかかる可能性があるからです。毎回自分が利用している口座のＡＴＭで引き出せるなら問題ありませんが、こまめに引き出していると、急にお金が必要になり、手数料がかかるＡＴＭでお金を引き出さざるを得なくなるケースがあります。そうすると、１０８円、もしくは２１６円の手数料をとられて利息分は軽く吹き飛んでしまいます。

ちなみに、私は最近では、ほとんど現金を持ち歩いていません。

ほとんどクレジットカードや交通系のＩＣカードで支払っているからです。

支払いの９割はカード払いです。

若い人には理解してもらえると思いますが、カード払いはとても便利です。

財布の小銭を探す手間や現金を店員さんとやりとりする時間を省くことができ、カードをかざすだけで決済が完了します。日本は現金主義が根強いですが、世界的に見れば、決済はキャッシュレス化が進んでいます。

これからはますますカード払いが増えていくと予測できます。

お金と付き合ううえでもカード払いにはメリットがあります。

ひとつは、**利用明細が一括でわかるので、支出の管理がしやすい**こと。どこでいくら使ったか、一目瞭然です。

もうひとつは、**ポイントがつく**ことです。買い物だけでなく、家賃や光熱費などもクレジットカードで支払えば、その効果は小さくありません。

「クレジットカードをもつと必要以上に使ってしまいそうで怖い」という人は、最初は現金払いでお金の賢い使い方をマスターしましょう。

1年もすれば支出をコントロールできるようになりますから、クレジットカード決済に移行するのは、それからでも遅くないでしょう。

クレジットカードは1回払いが原則

ただし、カード払いをするときは、徹底すべきルールがあります。

基本的には1回払い、もしくは2回払いにすること。

カード払いだと、分割払いを選択することができます。

分割すれば月々の引き落とし額は少なくなり、負担が小さく感じます。しかし、分割払いを選択する人は、重要な事実を見落としています。

それは、分割払いを選ぶと、金利手数料がかかることです（2回払いまでは金利手数料はかからないのが一般的です）。

分割払いはカード会社からお金を借りて少しずつ返済していくようなものなので、住宅ローンや自動車ローンと同じように、まだ支払いが済んでいない残金に金利がかかってしまいます。

あるカード会社の例を挙げると、12回払いの場合14・8％の手数料率（100円あたり8・16円）、24回払いの場合15％の手数料額（100円あたり16・32円）がかかります。ということは、仮に10万円の商品を12回払いにすると、8160円の利息を支払う必要があります。24回払いだと、利息は実に1万6320円となります。

この金額を大きいととるか、小さいととるかは人それぞれですが、入社1年目のあなたにとって、こうした金額は小さくはないはずですし、本来払う必要のない出費です。

1回や2回で払える余力があるなら分割をする必要はありません。

もっといえば、分割払いで金利手数料が発生するような買い物は、分不相応です。必要不可欠な買い物であればしかたありませんが、基本的にはお金が貯まってから購入すべきです。

「いつまでも払い終わらない」リボ払い

分割払いよりもタチが悪いのが、リボ払い（リボルビング払い）です。

クレジットカードを利用すると、メールなどで「リボ払いに変更すれば毎月の返済額が低く抑えられます！」といった内容の案内が届くことがよくあります。

リボ払いのしくみを知らない人は、「おっ、それはありがたい！」と飛びつきたくなりますが、世の中にそんなおいしい話は転がっていません。

分割払いもリボ払いも、複数回に分けて支払うという点では同じですが、分割払いは買い物ごとの支払い回数を指定するのに対して、リボ払いは毎月の支払額を指定できるというものです。

たとえば、分割払いで毎月1万円の支払いをしている場合、リボ払いに変更することで毎月5000円の支払いですませることもできます。

その場合、支払額が低くなるので月々の負担は小さくなりますが、リボ払いの場合は、返済残高全体に金利手数料がかかります。

月々の返済額が小さくなるということは、返済期間が長くなることを意味しますから、その分、金利手数料が膨らんでいきます。

また、リボ払いの手数料率は分割払いよりも高いのが一般的なので、その意味でも最終的に支払う金額は大きくなっていきます。こうしたリボ払いのしくみを知らず、安易に利用してしまう若者は少なくありません。金利ばかりを払ってなかなか元本が減らず、生活が困窮するというケースが後を絶ちません。

クレジットカードをもっているなら、安易にリボ払いに手を出すべきではありません。もしリボ払いをしているなら、余裕のあるときに繰り上げ返済をし、できるかぎり早く支払いをすませてしまうことです。

クレジット支払い方法のおもな違い

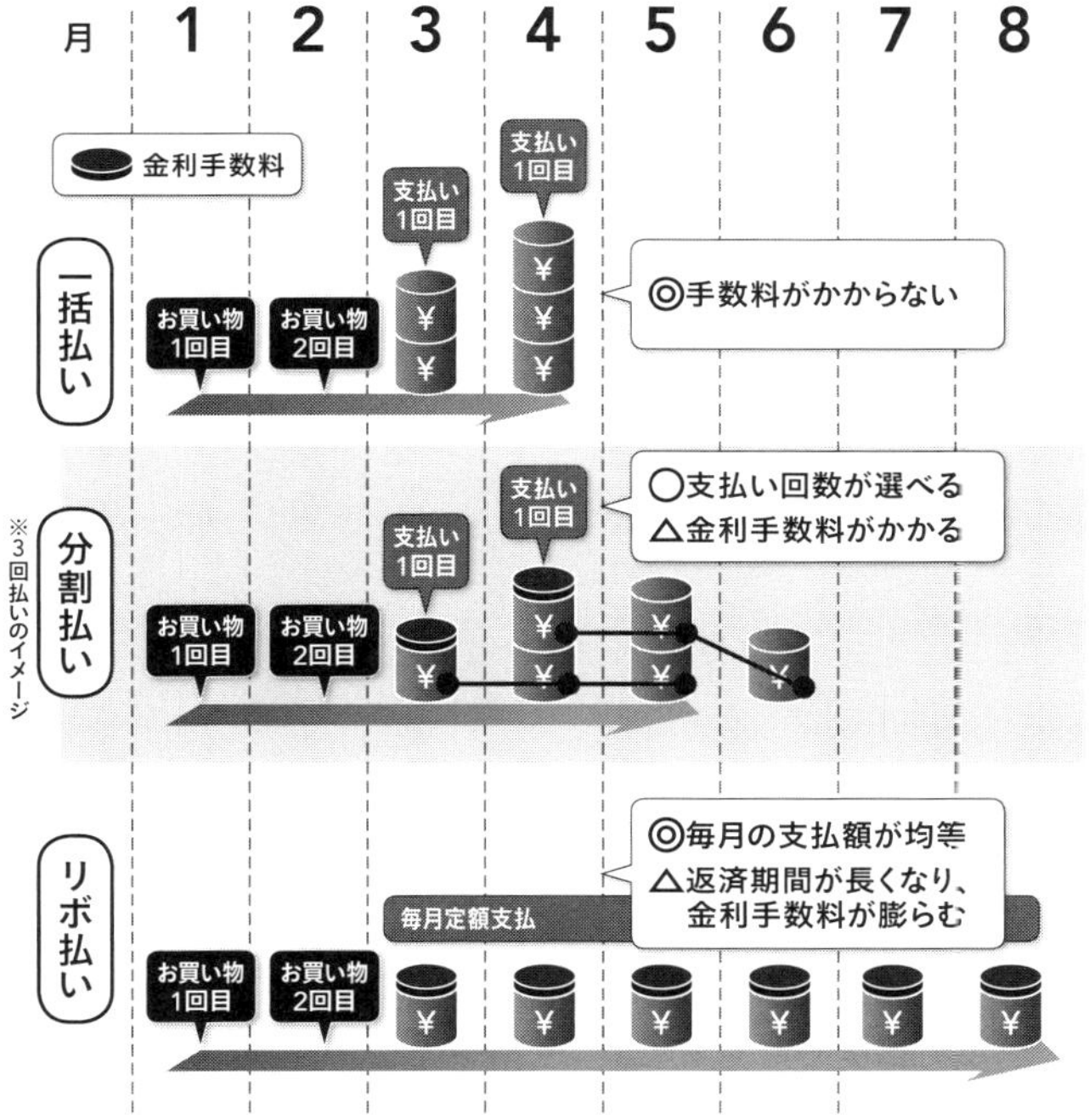

リボ払いはやめよう！

Chapter 4

手取り20万円でも お金を 増やす方法

お金は増やさなくていい

ここまで「貯める」「使う」について述べてきましたが、本章からはいよいよお金を「増やす」ステップに進みましょう。具体的にいえば、賢いお金の使い方で貯めたお金を元手に、株式などへの投資を始めるのです。

でも、ちょっと待ってください。

入社1年目のあなたは、すぐにお金を増やそうとしないでください。

矛盾したことを言いましたね。混乱させて申し訳ありません。

正確に言うと、本書を読んでこれからお金との付き合い方を見直す段階の人は、ま

だ投資に手を出す必要はありません。

なぜなら、まずは貯金体質をつくることが最優先事項だからです。元手となるお金が貯まらなければ、思うように投資はできません。

また、投資は少なからずリスクがありますから、ある程度、資金を貯めてからのほうが安全というのも、最初から投資をすすめない理由のひとつです。

だから、まずは第2章（貯め方）と第3章（使い方）で説明した考え方やノウハウを活用し、貯金することに専念してください。

給与の20％（給与が少なければ最初は10％でもかまいません）を銀行の自動積み立てで貯金していくのです。

まずは金額を増やすことよりも、貯める習慣をつくることのほうが大切ですから、金利の大小を気にすることはありません。ひたすら貯めていくのです。

といっても、自動積み立てなので、意思とは関係なく勝手に貯まっていきます。ですから、最初は「お金のノート」などを活用して、お金の賢い使い方を身につけることが肝となります。

しばらく浪費を最小限にし、お金を正しく使っていくと、しだいに今の生活に慣れていき、無理なくお金を貯められるようになります。

まずは、自動積み立てで貯金する生活を1年続けてみてください。

無事、1年間貯め続けることができれば、賢いお金の使い方が身につき、貯金体質に変化したといえます。

そうしたら、晴れて投資デビューの準備が整ったことになります。

なお、本書の読者には入社1年目以外の人もいるかもしれません。

すでに毎月一定額の貯金ができている人、または投資にまわせる余裕資金がある人は、1年を待たずに投資を始めてもいいでしょう。

どれだけリスクを許容できるかは個人差がある

貯金体質が身についたら、次は投資でお金を増やすステップに進みましょう。

投資にまわす資金は、毎月の給与から自動積み立てしている金額（③投資）の半分を目安とします。

たとえば、もしあなたが毎月2万円を自動積み立てで貯金しているなら、そのうち1万円は自動積み立てを継続し、残りの1万円は投資にまわすのです。

ただし、「貯金50％、投資50％」という配分は、あくまでひとつの目安にすぎません。「貯金0％、投資100％」にしてもかまいませんし、「貯金70％、投資30％」にするのも、「貯金100％、投資0％」にするのも自由です。

貯金と投資の配分バランスについては、どれだけをリスクをとれるかによって個人差が生まれるものです。

私はこれから投資を始めたいという人から相談を受けたとき、必ず次のような質問をします。

「どのくらい資金が減っても平気でいられますか？」

そうすると、「30％減っても大丈夫」と答える人もいれば、「10％なら耐えられます」と答える人もいます。

投資はお金が増えることもありますが、お金が減るというリスクもあります。

30%減っても大丈夫であれば、それなりにリスクの高い金融商品に投資できますが、10%減っただけで動揺してしまうようであれば、リスクの低い金融商品を中心に投資することになります。

しかし、実際に投資を始めてみると、「30%減っても大丈夫」と答えていた人が、15%減った時点で大きく動揺し、パニックになることもあれば、逆に「10%なら耐えられる」と答えていた人が、実際に15%減っても意外と冷静でいられることもあります。同じ金額が減っても、そのとらえ方は人それぞれ。つまり、自分がどの程度投資のリスクをとることができるかは、実際に投資をし、値動きを経験しなければわからない、ということです。

ですから、まずは「貯金50%、投資50%」で様子を見ることをおすすめしています。「お試し期間」を設けるのです。

投資を始めると、必ず値動きがあります。万一お金が減っていく局面で、ドキドキして不安になるようであれば、投資のパーセンテージを小さくすることを考えたほうがいいかもしれません。

反対に、長期で運用するつもりだから、小さな値下がりはあまり気にならないという人であれば、投資のパーセンテージを増やしても問題ありません。

投資100%でも大丈夫？

本音を言うと、私は「貯金0%、投資100%」の配分でも大丈夫だと思っています。あとでくわしく述べますが、本書でおすすめする金融商品は、短期的に見れば、値下がりすることもありますが、長期的に見れば高い確率で増えていく性格の投資対象だからです。実際、私もほぼ100%投資にまわしています。

また、投資の割合を高めたほうが、資産が増えるスピードがアップする可能性も高くなります。ぜひ本章を最後まで読んで、どのくらいのリスクをとるか参考にしてください。

ただ、「投資」の比率を高める場合には、ひとつ注意点があります。

近い将来、まとまったお金が必要になるイベントがあるなら、その分は貯金で増やしたほうが安心です。たとえば、結婚式、資格取得や留学の資金、出産の資金、子どもの教育費などが該当します。

金融商品に投資していると、短期的には大きく値下がりする可能性があります。そのとき、まとまった資金が必要なイベントが重なると、「資金が足りない」という問題に直面する可能性もゼロではありません。

また、貯金はすぐにお金を引き出すことができますが、金融商品を換金しようとすると、2〜3日かかるのが一般的です。

現金化のしやすさを「お金の流動性」と言いますが、人生のイベントに使う予定の資金は、流動性の高い貯金でもっていたほうが、なにかと安心できます。

一方、「とりあえず使い道がはっきりしていない」「老後資金をつくりたい」ということであれば、一時的に資産が減っても実害が出るわけではないので、貯金ではなく、投資にまわしたほうが賢明です。

貯金と投資の配分

前提 収入の20%を投資にまわす

では、貯金と投資のバランスは？

貯金50%：投資50%
からはじめてみよう！

例

手取り20万円の場合…

消費 14万円　浪費 2万円

投資
- 貯金・その他 2万円
- 金融商品 2万円

若い人こそ「長期投資」を始めよう

入社1年目で本書を手に取った人は、本当にラッキーです。

なぜなら、若い頃から投資を始めて長期間資産運用したほうが圧倒的に有利で、結果的に増やすことができる資産も大きくなるからです。

20代のうちから長期投資を始めるメリットのひとつは、長期のスパンで資産形成ができるので、無理なくお金を増やすことができるということです。

たとえば、現在45歳の人が、65歳の時点で老後資金の一部として2000万円貯めたいと考えたとします。20年で2000万円を貯めようと思えば、1年で100万円ずつ積み立てなければなりません（投資による増減がプラスマイナス0の場合）。月々の投資額も8万円以上が必要です。収入が上がっているとはいえ、月に8万円を捻出するのは簡単ではありません。

一方、22歳の人が同じく65歳の時点で2000万円を貯めようと思えば、1年で約47万円ずつ増やしていく計算になります。月々3万9000円ですみますから、45歳の人の半額程度の投資ですみます。もちろん、投資によって増やすことができれば、もっと早く2000万円の目標額を達成することができます。

当たり前ですが、人生を逆算して考えれば、できるだけ早く投資を始めたほうが有利なのです。

「複利効果」で数千万円の差に！

さらに、20代のうちから長期投資を始める人は「複利効果」を最大限享受できるというメリットもあります。

銀行にお金を預けていると、定期的に金利がついて利息がもらえます。

その金利には、「単利」と「複利」という2つの種類があります。

単利とは、元金に対してだけ発生する利息のこと。たとえば、100万円を3年間銀行に預けたとします。金利は計算がしやすいように5％とします。5％ということは、1年間で5万円を受け取ることができます。同じ条件で3年間預けておけば、計15万円（5万円×3年）の利息が発生します。

一方、「複利」とは、元金によって生じた利子を次期の元金に組み入れることを言います。つまり、元金だけでなく利息にも次期の利息がつく、ということになります。

100万円の例でいうと、1年後に預金残高が105万円になるのは単利と同じですが、複利は105万円に5％の利息がつくので、2年後には110万2500円になり、さらにこの残高に5％の利息がつくと、3年後には115万7625円になります。

雪が降った日に雪だるまをつくると、最初は小さかった雪玉も、大きくなるにしたがって、1回転するだけでたくさんの雪が付着していきます。

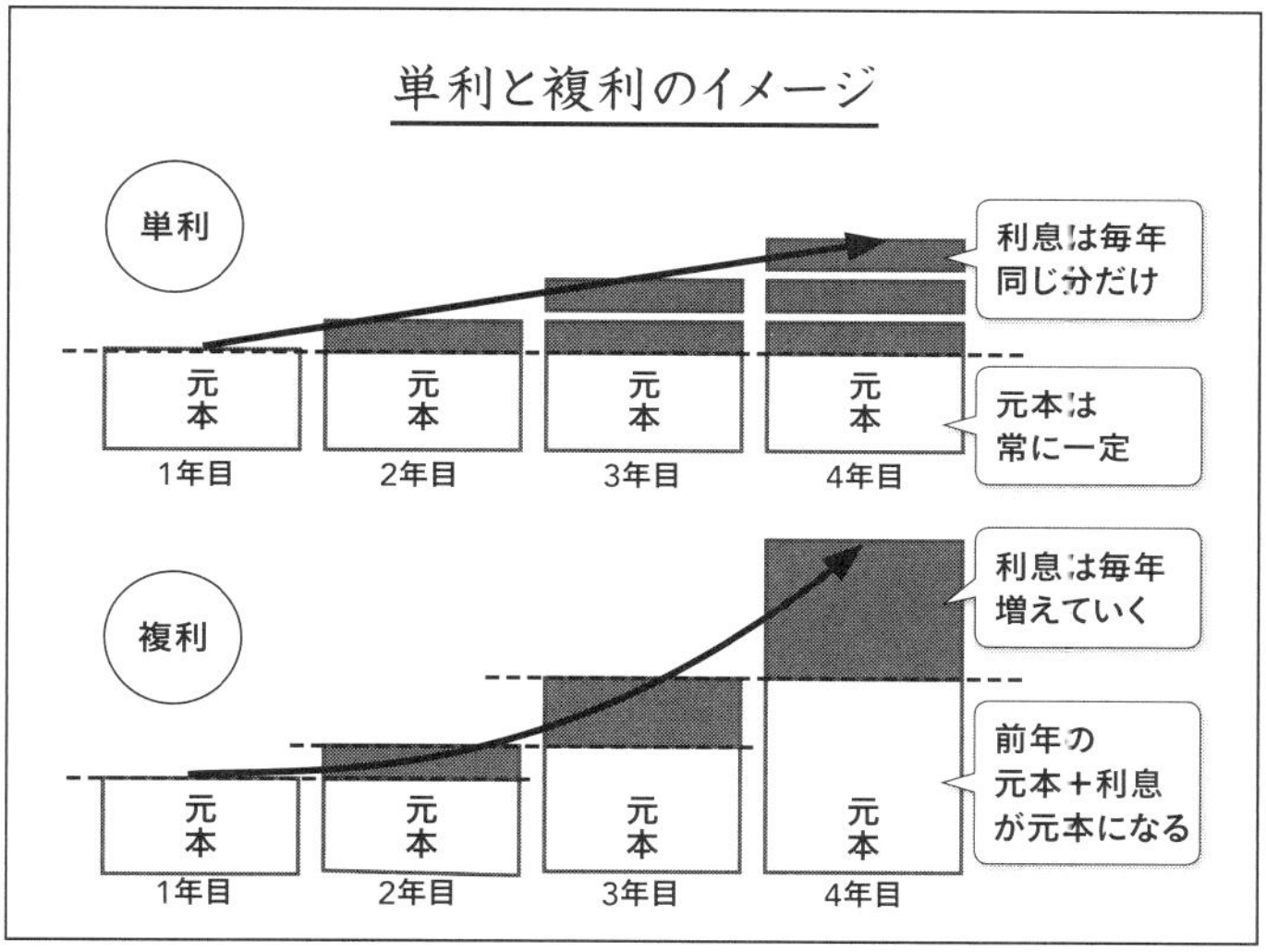

「雪だるま式に膨れ上がる」とよく言いますが、複利はまさに雪だるま式にお金が増えていくイメージです。

複利であるかどうかで、資産運用の結果は大きく変わってくるのです。

たとえば、あなたが毎月5万円ずつ貯金をしたとします。期間が20年だとすれば、金額は1200万円（5万円×12ヵ月×20年）です。

このとき、年平均7％の利回りで運用したらどうなるでしょうか。詳しい計算式は省略しますが、複利式だと、20年後には約2600万円になります。

さらに、積立期間が30年だった場合は、

どうでしょうか。単純に貯金をすれば1800万円（5万円×12ヵ月×30年）です。ところが、年平均7％で30年運用すれば、約6000万円の資産額になります。びっくりですよね。積み立てた金額は1200万円と1800万円とで600万円しか違わないのに、複利効果によって3400万円もの差が開いてしまうのです。

なお、複利効果には、「72の法則」と呼ばれる便利な計算方法があります。

「年利×年数＝72」という方程式で、元金が2倍になる年数を計算できます。

たとえば、年利6％で複利運用すると、元金が2倍になるまでに要する年数は「72÷6」で、12年です。

「72の法則」を覚えておくと、資産運用でどのくらいの期間で目標金額を貯められるかざっくりと計算することができます。

複利効果を最大限に得るためにも、投資を始めるなら早いほうが有利であることは間違いありません。そういう意味でも、入社1年目から投資に目を向けることは、大きなメリットがあるのです。

投資のリスクを減らすことができる

20代のうちから長期投資を始めるメリットをもうひとつ。

それは、投資のリスクを減らすことができることです。

投資のリスクというと、損する危険性のことを指すイメージが強いかもしれません。

しかし、本来リスクというのは、「振れ幅の大きさ」のこと。

20％儲かる可能性がある一方で、20％損する可能性がある金融商品と、３％儲かる可能性がある一方で、３％損する可能性がある金融商品とを比べると、プラスマイナス20％の金融商品のほうが振れ幅は大きく「リスクが高い」ということになります。

たとえば、利回りが平均10％の金融商品を購入するということは、マイナス10％になる可能性もあるということ。利回り10％は平均ですから、年度によってはプラス20％になることもあれば、マイナス15％になることもあります。

第１章で景気は循環するもので、景気が良いときもあれば悪いときもある、という話をしたのを覚えているでしょうか。

したがって、投資期間が短いと、偶然、景気が悪い局面にあたって、大きく損をする可能性があります。たとえば、日本経済の失われた20年の下落局面で日本株を中心に運用していたら、大きく損をしたことになります。

しかし、投資期間が長ければ長いほど、こうした振れ幅の大きさを気にする必要がなくなります。一時的に損を出しても、そのうち景気が良くなって儲けを得ることができるからです。実際、失われた20年の頃から日本株に投資を続けて損を出していた人は、アベノミクスの効果によって現在、大きな利益を得ているはずです。

第1章で「私たちが生きている資本主義という社会は、経済も市場も右肩上がりになることが前提になっています」と述べた通り、投資期間が長くなればなるほど、その恵みを享受することができるのです。

「できない理由」を探してはいけない

このような知識を学ぶと、勘のいい人はすぐに投資を始めます。一方で、同じような説明をしても、今はタイミングではないと言って、行動に移しません。

ある人は「もっと株価が下がってから始めたほうが有利だ」と、投資のタイミングをうかがっている。下がっているときのほうが有利なのはたしかですが、長期で運用するのであれば、わずかな価格を気にするよりも、早く積立投資を始めたほうが結果的に効果は大きいのです。またある人は、「今は投資にまわせる資金がない。だから、まずは家計の見直しから始める」と言い出します。

しかし、金融機関によっても異なりますが、月々100円から始められる金融商品もあります。飲み会を1回我慢すれば、3000円、5000円くらいはすぐに捻出できるのではないでしょうか。

このように決断を先延ばしにするタイプの人は、さまざまな「できない理由」を探してきて、結局行動を起こしません。将来に備えて本気で資産を増やしたいと考えているなら、すぐにでも手を打つ必要があります。タイミングを計っているうちに、あっという間に10年、20年経ってしまったらシャレになりません。

「投資＝株式」ではない

毎月、一定額を金融商品に投資するのが、お金のストレスフリーを手にする近道です。では、どんな金融商品に投資をすればよいのでしょうか。

具体的に見ていきましょう。

金融商品への投資というと、多くの人は真っ先に個別企業への株式投資を思い浮かべるのではないでしょうか。トヨタの株を買うこと、ソフトバンクの株を買うことが投資だと思っている人もいると思います。

あるいは、一日中パソコン画面に張り付いて株の売買をしているデイトレーダーをイメージする人もいるかもしれません。

しかし、「投資＝株式」という認識は間違っています。

少なくとも入社1年目の皆さんにはすすめることはできません。

入社1年目の皆さんが優先すべきは、株式投資ではありません。

あくまでも就職した会社での仕事です。

まずは1日も早く仕事を覚えて一人前になることが大切です。

株式を購入すると、株価の上下に一喜一憂しがちです。

就業時間中も株価が気になって、目の前の仕事に集中できなくなることは絶対に避けなければなりません。それこそ、お金の奴隷になって、ストレスをためることになります。

また、個別企業の株式は、金融機関に勤めるプロの投資家も売買しています。

彼らは専門家ですから、さまざまな情報から企業を分析し、利益を出すことを最優先に考えます。

株式投資では、そのようなプロ投資家と同じ土俵で戦わなければなりません。

情報量や分析力で劣る素人投資家が圧倒的に不利なのは当然です。

入社1年目の皆さんにおすすめしたいのは**「投資していることすら忘れてしまうような投資」**です。長期にわたって資産を増やしていくには、株価の上下に一喜一憂せず、お金に縛られない投資法がいちばんだと考えています。

株価の上下が気になって仕方がない……

じつは、私自身、こうした考えにたどりつくまでには紆余曲折《うよきょくせつ》がありました。

投資を始めたばかりの頃は、日本の個別株式や外国株式、外貨建ての金融商品、外国の不動産、ＦＸ（外国為替証拠金取引）などさまざまな金融商品に手を出してきました。

投資法についても、1日に何度も売買するデイトレード、会社の決算データなどに基づいて投資するファンダメンタル分析、株価の過去の値動きパターンから将来の値動きを予想するテクニカル分析など、短期間でいろいろと試してきました。

しかし、どれも私には向いていませんでした。

たとえば、日本株の個別銘柄に投資していたときは、株をもっている間、株価が気になってしかたがないのです。新聞やネットニュースにその企業のニュースが出ていれば読みふけってしまいますし、株式市場が開いている昼間は、別の仕事をしているのに、携帯電話で値動きを追ってしまう。それこそ、1分ごとに株価をチェックするような勢いでした。

常に株価が気になっていると、正常な判断が失われます。ある企業の株をもっているときに、決算の売上高を大幅に下方修正するというニュースが報じられたりすると、値動きが気になってしかたがない。一日中株式チャートにくぎ付けになってしまううえに、ニュースだけでなく匿名の掲示板に書きこまれるような不確かな情報も収集してしまいます。

株価が気になっているときに入ってくるネガティブな情報には、えてして敏感に反応してしまうので、どんどん不安な気持ちになっていきます。そして「このままでは大損してしまうのではないか……」と恐怖を覚え、ちょっとしたパニック状態に。

結果的に株を投げ売りして、かなりの損を出してしまいました。

現在、大きな注目を集めているビットコインなどの仮想通貨も同じような状況といえます。投資している人は、価格が激しく上下するのが気になってしかたないでしょうし、パニックになって大きな損を出している人も少なくないはずです。

過去に株式投資などで苦い経験をしてきた結果、私が気づかされたのは「値動きが気になるような金融商品や投資法は向いていない」ということ。

もちろん、株式投資を否定することはしませんが、入社1年目の皆さんには最適の投資法としておすすめすることはできません。私と同じような状況に陥ってしまう危険性があるからです。

投資は、あくまでもお金を増やす手段にすぎません。

仕事中や休み中に株式投資のことばかり考えるよりも、20代の頃は目の前の仕事や自分を磨くことに集中したほうが、結果的に自分のためになるはずです。

そのためにも、「投資していることすら忘れてしまうような投資」を実践することが肝となります。

「投資信託の積立投資」を始めよう

それでは、「投資していることすら忘れてしまうような投資」とは、どのようなものでしょうか。

それは、「投資信託の積立投資」です。

まずは、「投資信託」から説明しましょう。

投資信託とは、金融商品の一種で、その名の通り「投資するお金を信じて託す」という性格の商品です。つまり、自分で投資先を選ぶのではなく、プロの投資家に運用をお任せすることになります。

託す相手は、投資信託の運用会社に所属しているファンドマネジャーと呼ばれる投資の専門家です。

さまざまな投資家から集めてきたお金をひとつの大きな資金にまとめ、それをファンドマネジャーが株式や債券などに投資します。

そうして運用して得た利益を投資家に分配するのが投資信託の基本的なしくみです。

ひと口で投資信託といっても、数えきれないほど種類があります。

日本の株式だけに投資している「株式ファンド」、日本と海外の国債だけで運用する「国債ファンド」、ブラジルの株式を中心に運用する「ブラジル株ファンド」などさまざまです。

もちろん、株式と国債がミックスされたファンドもあれば、不動産や金（ゴールド）などを組み込んだ投資信託もあります。

イメージとしては、いろいろな株や債券の入った「福袋」のようなものです。これらの福袋をすべてひっくるめて、「投資信託」と呼んでいるのです。

積立投資なら一喜一憂する必要はない

私の投資スタイルは、これらの投資信託を「積立投資」することです。

積立投資とは、金融商品を毎月一定の金額ずつ買い続けることを言います。

貯金を自動積み立てで貯めていくのと同じように、給与の一定割合を長期間にわたって毎月投資していくのです。

毎月少額ずつ積み立てていくのは、一見地味なのであまり人気はないのですが、確実に資産を増やしていくことができます。

また、毎月安定して給与が入ってくる会社員にこそ、コツコツと資産を増やしていく積立投資は向いているのです。

もちろん、投資信託も投資した金融商品の影響を受けて価格が上下します。

投資信託の値段のことを「基準価額」といって、毎日変動しています。

短期的には値下がりすることもありますが、あまり気にする必要はありません。

なぜなら、積立投資は長期投資を原則とするからです。

重要なので何度も繰り返しますが、私たちが生きている資本主義という社会は、経済も市場も右肩上がりになることが前提になっています。

だから、基準価額の上下に一喜一憂する必要はないのです。

実際、私があとでおすすめする投資信託は、年平均7％の利回りが期待できます。

銀行の預金金利と比べれば、とんでもなく高い利回りです。

もちろん、景気が悪い時期はマイナスになる年もありますが、リーマンショックがあり不況が続いた過去20年間ですら、平均で5％の利回りでしたから、けっして夢のような数字ではありません。現実に狙える利回りです。

したがって、極端なことをいえば、買ったままほったらかしにしていてもかまわないのです。これこそ「投資していることすら忘れてしまうような投資」です。

私自身も、毎月一定額の投資信託を長期間にわたって購入しているので、短期で売買はしていません。

月単位で資産状況をチェックすることはありますが、ほとんど「ほったらかし」と言える状態です。

「ドルコスト平均法」でお得に投資する

積立投資のメリットはもうひとつあります。

積立投資では、投資信託を一度にまとめて購入せず、「毎月1万円ずつ」など資金を分割して均等額ずつ投資します。

このような定額購入法のことを「ドルコスト平均法」といいます。

投資信託の価格に関係なく毎月一定額を購入するということは、金融商品の価格が安いときは多く、価格が高いときには少なく買いつけるため、結果的に平均購入単価を抑えることができます。

ちょっとむずかしいかもしれません。

たとえば、毎月1万円ずつ5ヵ月間投資した人と、最初の月に一括で5万円を投資した人がいるとします。

投資を始めた最初の月は価格が1万円でしたが、以後価格は上下し、5ヵ月目には9000円まで下がったとします。

ふつうに考えれば基準価額1万円の投資信託が9000円に下がったのですから、毎月定額を購入した人も、最初に一括で購入した人も、どちらも同じだけ損をしているように感じるかもしれません。

しかし、実際は、同じ5万円の投資額でありながら、ドルコスト平均法で購入した人は、平均購入単価が一括購入の人よりも小さくなります。

なぜ、こういうことが起きるかというと、金融商品の価格が安いときは多く、価格が高いときには少なく買いつけるため、その商品全体の購入額が下がったからです。

ドルコスト平均法を前提に積立投資を始めれば、「今は価格が高いから、もっと安くなってから買おう」などと躊躇する必要はありません。

ドルコスト平均法って？

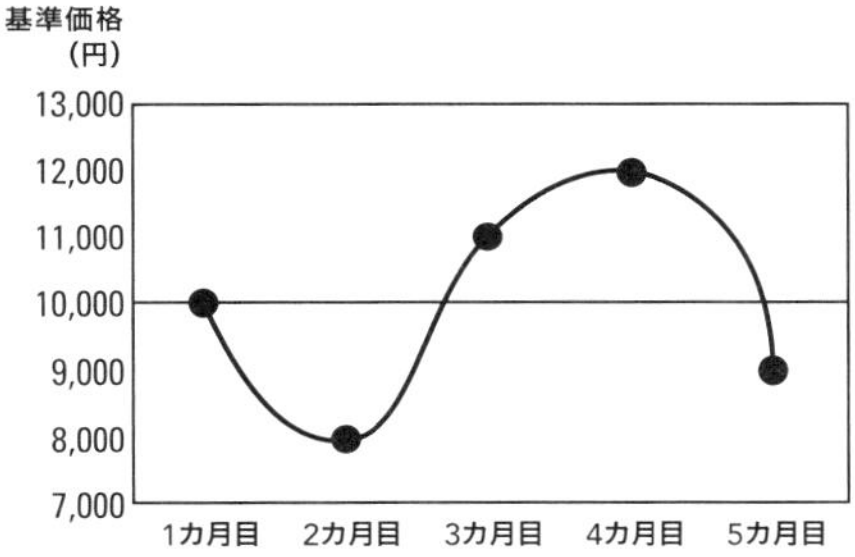

基準価格		1カ月	2カ月	3カ月	4カ月	5カ月	合計	1万口あたりの平均買付価格
		10,000円	8,000円	11,000円	12,000円	9,000円		
ドルコスト平均法（毎月1万円ずつ）	金額	10,000円	10,000円	10,000円	10,000円	11,112円	50,000円	9,797円
	口数	10,000口	12,500口	9,091口	8,334口	8,334口	51,037口	
一括購入	金額	50,000円				50,000円	50,000円	10,000円
	口数	50,000円				50,000円	50,000口	

「バランス型の投資信託」に投資する

銀行や証券会社で積立投資用の投資信託を選ぼうとすると、その数の多さに圧倒されると思います。投資信託は、さまざまな種類が発売されているので、どれを選べばよいか迷うでしょう。

そこで、私の経験から、入社1年目の積立投資に適した投資信託を紹介しましょう。

ポイントは、次の4つです。

① バランス型・インデックス型ファンド

② **購入手数料がゼロ**
③ **信託報酬が1％以下**
④ **「純資産残高」が増えていて、長期間運用されている**

それぞれ見ていきましょう。

安定した値上がりが望める投資信託を選ぶときのポイントは、いろいろな種類の金融商品が入っていることです。

種類が多いほうが安定した運用が期待できるからです。

たとえば、日本株だけで運用する投資信託の場合、日本の株式市場の調子が悪いと、その運用成績も連動して悪くなります。

中国株に特化した投資信託の場合も、中国市場の上下に大きく左右されることになります。

そうなると、大きく儲かる可能性もありますが、反対に大きく損する可能性もあります。

一方、日本株式や外国株式、日本債券、外国債券などがバランスよく入っていたらどうでしょうか。株式と債券の値動きは反比例するといわれるので、株式が落ち込んでも、債券でその損失をある程度カバーできます。

また、日本の株式が不調でも、外国の株式が好調であれば、穴埋めすることが可能です。

そのほか、不動産や金（ゴールド）などのコモディティなど、異なる値動きをする金融商品も含まれていれば、さらに安定した運用が期待できます。

このように投資先が多岐にわたり安定した運用が見込める投資信託をバランス型ファンドといいます。


一方、インデックス型ファンドとは、何でしょう。

インデックスとは、「指数」を意味します。

指数とは、簡単にいえば、どれくらい増えたり減ったりしたかを比較するときの指標となる数字で、「日経平均株価」や「ＴＯＰＩＸ（東証株価指数）」などもインデックスのひとつです。

インデックス型ファンドとは、そうした指数と同じ値動きをするようにつくられた投資信託です。

たとえば、「日経インデックスファンド」という投資信託は、日経平均株価とほぼ同じ値動きをするように設計されています。

日経平均株価が1年で10％値上がりすれば、その投資信託も10％資産が増えるというわけです。

もちろん、日経平均株価が下がれば、同じだけ投資信託も資産が減ります。

日本株式にかぎらず、外国株式、国内債券、国外債券、不動産、金（ゴールド）などに連動されたインデックス型ファンドも存在します。

これらは、指数に連動するようにつくられているので、ファンドマネジャーの力量はほぼ関係ありません。ということは、**指数の通り安定したパフォーマンスを得られます。**また、あとで触れますが、インデックスファンドは手数料が安いことも重要なポイントです。

このように、安定したパフォーマンスを出したければ、バランス型でなおかつインデックス型の投資信託を選ぶことが重要なのです。

投資信託はコストをチェックする

投資信託を購入するときは、コストがかかります。

「購入手数料」と「信託報酬」です。

投資信託を購入するときは、投資金額の数%をその費用として販売会社に支払うのが通常です。

なかには、3・5%かかる投資信託もあります。

しかし、積立投資の場合は、毎月投資信託を買い増していきます。ということは、購入手数料がかかると、毎月手数料をとられてしまいます。

もし3万円ずつ、3・5%の購入手数料のかかる投資信託を購入する場合、毎回1050円も引かれてしまいます。いくら基準価額が上がっても、こんなにコストがかかれば、そのうまみは少なくなります。長期投資となれば、大きな差となるので、わずかなコストでも見逃せません。

でも、安心してください。

先ほど紹介したインデックス型ファンドは、購入手数料が無料のものがほとんどです。

これを「ノーロード」と言います。

もうひとつの信託報酬は、投資信託を保有している間ずっとかかる、維持管理費のようなものです。

低いファンドで年率0・2％くらい、高いファンドで3％くらいです。

これもずっとかかるコストなので、長期で積立投資をする際は、低いものを選んだほうが有利といえます。

投資信託のコストのなかにはファンドマネジャーの報酬が含まれます。ファンドマネジャーが自分で情報収集や分析をして選んできた金融商品で運用する投資信託の場合、その分コストがかかり、購入手数料や信託報酬が高くなります。

しかし、インデックス型ファンドの場合は、指数と連動するように設計されているので、ファンドマネジャーのコストはあまりかかりません。

したがって、インデックス型ファンドは、信託報酬も低く抑えられています。具体的には、信託報酬1％以下のファンドを選ぶといいでしょう。

資金がたえず流入しているか

積立投資をする際は、投資家からお金が入り続けているかどうかも重要なポイントです。積立投資は数十年単位の長期での運用を基本としています。投資家が解約してどんどん資金が流出してしまう投資信託では心もとないでしょう。

お金が流出し続ければ、運用がストップしてしまうおそれもあります。

長期で積立投資をしている人が多い投資信託には、毎月資金が流入してきます。

資金が流入し続けていれば安定して運用できますし、何より多くの投資家に支持され、解約する人が少ないということです。悪い投資信託には、長期でお金を預けようという人のお金が入ってきません。

投資資金が安定して入ってきているかどうかは、「純資産残高」を見ればわかります。

投資信託の運用総額のことで、購入する人が増えれば、純資産残高も増えていきます。そのため、その投資信託が優良かどうかを見極める大切な指標といえます。

優良な投資信託かどうかは、その運用期間を見てもわかります。

利益を出し続けている投資信託には、コンスタントにお金が集まってくるので、長く運用することができるというわけです。

おすすめの4つの投資信託

以上の条件を踏まえて、おすすめの投資信託を4つ紹介します。

① セゾン・バンガード・グローバルバランスファンド（セゾン投信）
② 楽天資産形成ファンド（楽天証券）

③　ＳＢＩ資産設計オープン（ＳＢＩ証券）

④　マネックス資産設計ファンド（マネックス証券）

いずれもインデックス型・バランス型ファンドです。購入手数料は無料で、自動的に毎月積立投資ができるように設定することができます。最低積立金額は１００円～５０００円なので、少額で気軽に始めることが可能です。

なお、これらの投資信託は、運用会社と販売会社が一体になっているのもポイントです。投資信託を扱っている金融機関には「運用会社」と「販売会社」があり、これらは「メーカー（作り手）」と「ディーラー（売り手）」の関係にあり、通常はディーラーが入ると、コストが高くなるものです。

先の４つの投資信託は「運用会社」と「販売会社」が一体なので、信託報酬などのコストも低く抑えられています。

オススメ投資信託はコレだ!

①セゾン・バンガード・グローバルバランスファンド
(セゾン投信)

購入手数料	信託報酬率(年)
ノーロード	0.68%(±0.03)
最低積立金額(月)	**設定日**
5,000円	2007年3月

②楽天資産形成ファンド
(楽天証券)

購入手数料	信託報酬率(年)
ノーロード	0.54%
最低積立金額(月)	**設定日**
100円	2008年12月

③SBI資産設計オープン
(SBI証券)

購入手数料	信託報酬率(年)
ノーロード	0.7344%
最低積立金額(月)	**設定日**
100円	2008年1月

④マネックス資産設計ファンド
(マネックス証券)

購入手数料	信託報酬率(年)
ノーロード	1.026%
最低積立金額(月)	**設定日**
100円	2007年1月

Chapter 5

税や保険のしくみも知っておこう

給与明細の中身を理解しよう

ここまでは、「貯める」「使う」「増やす」という観点から、お金との付き合い方を説明してきました。あなたの考え方や毎日の行動を変えることで、お金まわりは劇的に改善していきます。

一方、自分の努力とは関係なく出ていってしまうお金があります。所得税など税金や健康保険、公的年金、雇用保険といった社会保険料です。これらの税金や社会保険料は、毎月の給料から自動的に差し引かれています。天引きされているので、普段はあまり気にしていないかもしれませんが、これらはあなたが稼いだ給料のなかから支払っているお金です。

自分がどれくらいの税金や社会保険料を払い、どのような保障を得られるのか、といったことは最低限押さえておいたほうがいいでしょう。

本書では、税金や社会保険制度の細かい内容については触れませんが、入社1年目の人が最低限知っておいたほうがよい考え方を中心にお伝えしていきます。

毎月、給与から引かれているお金

あなたは給与明細をきちんと見ているでしょうか？

入社1年目の人は、自分がいくら給料を稼いだのか気になるでしょうから、ほとんどの人はじっくり見たことがあると思います。

そのとき、こんな印象を抱かなかったでしょうか。

「こんなに給料から天引きされてしまうのか……」

「控除」という欄を見ると、差し引かれる金額が並んでいます。

総支給額のおよそ2割が引かれるとされ、基本給20万円の場合でも3万円以上は税金や社会保険料が引かれているので、恨めしく感じる人もいるかもしれません。

少なくない金額が給与から天引きされているわけですから、差し引かれている項目について基本的なことは理解しておきましょう。

【①所得税】

国に収める税金で、社会保険料を差し引いたあとの給与額から、概算の源泉徴収税額表にもとづいた金額を差し引きます。昇給や残業などで給与が増えるのにしたがって、所得税も増えていきます。

所得税は「1年間働いたらひと月あたりの税金はこれくらいになるだろう」という概算にもとづいて引かれるので、年度末に「年末調整」をおこない、実際の給与に応じて正しい税額を計算し、払い過ぎの場合はその金額が戻ってきます。

【②住民税】

自分が住んでいる都道府県と市区町村に収める税金。税率は一律10％。住民税額は前年の所得をもとに計算されるので入社2年目から徴収されます。

【③健康保険】

会社員は勤務先で協会けんぽ（全国健康保険協会）、または組合健康保険に加入します。病気やケガで治療を受けたときに、医療費の3割の自己負担ですみます。

【④厚生年金】

老齢で退職したり、身体に障害を負ったり、死亡したりした場合に、本人や家族が年金を受給できます。保険料率は約18％ですが、半分は会社が負担しているため、実際はおよそ9％の金額を支払います。

【⑤雇用保険料】

失業したときに失業給付（基本手当）を受けられます。

そのほか、40歳以上になると支払う「介護保険料」のほか、会社によっては労働組合費などが差し引かれることもあります。

それぞれの制度の詳細は専門書に譲りますが、自分が稼いだ給与からこれらの金額が天引きされていることをきちんと理解しておきましょう。

また、働いてからしばらくすると、給与明細をわざわざ確認しない人もいますが、天引きされる金額は毎年変動していきます。

給与明細を必ずチェックしておく習慣をつけておくと、お金に関する感度が高くなります。

給与明細とは?

給与明細

	所属	社員番号	氏名
所属氏名			きずな一郎様

2018年3月分

	出勤	休出	特休	有休	欠勤	有休残	出勤時間	遅早時間	時間外	休日出勤	
勤怠	20				0						

支給	基本給	時間外	休日出勤	深夜				
	200,000	62,500						
						出張時交通費	勤怠控除	非課税通勤費
								24,000
控除	健康保険	介護保険	厚生年金	雇用保険	社会保険合計	課税対象額	所得税	住民税
	8,200		14,496	1,575	24,271	288,229	3,500	7,000
				総支給金額	控除合計額	差引支給額	現金支給額	銀行振込額
				286,500	34,771	251,729		251,729

どんな項目が引かれているのか、意味を理解して、よく見てみよう!

健康保険があるから民間の保険には入らなくてもいい

会社員は毎月の給与から健康保険料が差し引かれています。

「めったに病院のお世話にならないのだから、こんなに払うのはもったいない」

健康な若者ほど、こんなふうに愚痴をこぼしがちです。

全然病院に行かない人は、そのありがたみが理解しにくいかもしれませんが、日本の健康保険は実によくできた制度です。

最大のメリットは、病気やケガで治療を受けたときに、医療費の3割の自己負担ですみます。もし医療費を全額自分で負担しなければならないとしたら、ちょっと体調が悪いくらいでは、気軽に病院を利用することができません。いざというとき、病院に頼ることができるのは、とてもありがたいことなのです。それは、だんだんと年齢を重ねて、病院のお世話になることが増えるようになると実感できるでしょう。

また、健康保険に加入していると、高額療養費制度を利用できます。

高額の医療費がかかった場合に心強い制度です。窓口での支払いが自己負担限度額を超えた場合は、その超えた分の金額が「高額療養費」として支給されるのです。

たとえば、標準報酬月額が26万円以下の人は、5万7600円が自己負担限度額となり、それを超えた分の金額は全額支給されます。

さらには、健康保険では、「疾病手当金」も支給されます。

病気やケガなどの理由で働けない日が4日以上になったとき、標準報酬日額の3分の2が支給されます（支給開始から1年6ヵ月まで）。

そのほか、「出産育児一時金」として42万円が支給されたり、出産のために会社を休んだときは「出産手当金」が支給されたりもします。

ふだんは健康保険のありがたみを感じる機会はあまりないかもしれませんが、万一のときには、非常に心強い制度なのです。

貯えがあるなら保険は必要ない

社会人になったのを機に、民間の保険への加入を検討する人もいると思います。「まわりの友人や同僚が加入しているから」「親にすすめられたから」といった理由で入る人も少なくないようです。

しかし、ちょっと待ってください。

本当に民間の保険に加入する必要があるでしょうか。

先ほど見てきたように、健康保険制度は大変充実していて、万一病院にかかっても自己負担は3割ですみますし、長期の入院を余儀なくされて医療費が高くついても「高額療養費制度」が守ってくれます。

さらに厚生年金に加入していれば、いざというとき「障害厚生年金」「遺族厚生年金」を利用できます。障害年金は、病気やケガで一定の障害状態になると、若くても程度に応じて年金が支給されます。また、万一死亡してしまった場合には、残された遺族に遺族年金が毎年支払われることになります。

このように日本人は、万一のときには社会保険制度によって手厚く守られているといえるのです。

万一のときを考えると民間の保険に入っていたほうが安心するかもしれませんが、あくまで保険は万一の事態が起きたとき、自分や家族が金銭的に困らないようにするためのものです。

先に述べたように、入院するような事態になったときも、ある程度の貯金があり、とりあえず入院費用を捻出できるのであれば、民間の保険に入っていなくても事足ります。健康保険が充実しているので、自己負担はかなり抑えられます。貯金が100万円もあれば、困ることはほぼありません。

また、入社1年目の若者であれば、扶養する家族はいないことがほとんどでしょうから、仮にあなたが亡くなっても金銭的に困る人はいません。民間の生命保険に入れば、遺族は死亡保険金を受け取れますが、果たして必要でしょうか。保険には必要な時期と、そうでない時期があるのです。

しかも、現代は女性が男性並みに働くのが当たり前になっています。妻がバリバリ働いているのであれば、死亡保険金を残さなくても大丈夫という考え方もこれからは市民権を得るのではないでしょうか。

さらに、民間の保険に入っていれば、毎月決まった額の支払いが積み重なっていきます。いくら安心を買いたいからといっても、保険料の支払いは毎月のことですから長い目で見れば、相当大きな出費となります。

若い頃は「保険」よりも「投資」にまわす

以上のことから、結論を言うと、こうなります。

日本の社会保険制度は大変充実しているので、とくに健康の不安が少なく、扶養する家族がいない20代の若者は民間の保険に入らなくてもいい。民間の保険に入ることを検討するのは、扶養する家族をもってからでも遅くありません。

私は新入社員の頃、美人のセールスレディーと仲良くなりたいという不純な動機で、高額な死亡保障付き保険に入ってしまった過去がありますが、20代で独身の私にはいらない保険でした。

とくに20代の頃は、高額な民間の保険料を払うよりも、自己投資や資産運用にまわしたほうが、将来のリターンは大きくなります。高額な保険料を払っているばかりに、投資に使うお金が減ってしまうのでは本末転倒です。

また、患ってもいない病気の心配をするくらいであれば、体のケアに気を遣ったほうがいいでしょう。病院のお世話にならないのがいちばんハッピーですから、運動をしたり、健康的な食事をしたり、規則正しい生活をしたりするなど、病気の予防に取り組むことのほうが大切です。

若いときは何かと無理をしがちですが、いずれ体力が落ちて、体にガタがくるようになります。たとえお金のストレスフリーを手に入れたとしても、健康に不安を抱えていれば、精神的な安心感は半減します。体がいちばんの資本であることを肝に銘じておきましょう。

保険に加入するなら「掛け捨て」を選べ！

前項で、入社1年目の人は民間の生命保険に加入するメリットはあまりないという話をしました。ただ、近い将来、結婚して扶養家族ができれば、死亡保険金が支払われる生命保険などへの加入を検討する必要が出てきます。

いますぐには必要ないかもしれませんが、人生において保険料は大きな出費になるので、いまから最低限の知識を押さえておいたほうがいいでしょう。

生命保険は、「掛け捨て型」と「積立型」の2つのタイプに大きく分けられます。

掛け捨て型は、いわゆる「定期保険」といわれる商品で、月々の支払いが安くすむことがメリットです。死亡したときに支払われる保険金が大きいのも魅力です。

その代わり、保障期間が決まっているため、その期間内に死亡しなければ払ったお金は戻ってきません。つまり、いくら保険料を支払っても、貯金の代わりにはならないということです。

たとえば、30歳から60歳までの30年間、毎月3000円の保険料を払い続けたとしたら、108万円（3000円×12ヵ月×30年）は払いっ放しということになります。

そのため「掛け捨てはもったいない。将来お金が戻ってくるほうがいい」と考える人が少なくありません。そういう人は、積立型の保険を選びます。

「保険」と「貯蓄」を分けて考える

積立型である「終身保険」「養老保険」「年金保険」などの商品は、「掛け捨て型」に比べて月々の保険料の支払いは高くなります。その差は数倍にもなります。

その代わり、死亡することなく支払いが満期を迎えることができれば、払い込んだ以上のお金が戻ってきます（ただし、途中で解約すると払った分の保険料が戻らずに損します）。

積立型の保険の注目すべきポイントは、いざというとき保障してくれる「保険」部分と積み立ての「貯蓄」部分の2層に分かれるということです。

積立型の保険の貯蓄部分は、毎月コツコツと積立預金をしているようなものです。お金を貯めるのが苦手な人にとっては、半強制的にお金が貯まっていくので、積立型の保険を利用したほうがいいという考え方もあります。

しかし、本来、保険とは、いざというときの「リスク」を回避するためのもの。

だから、「保険」と「貯蓄」を切り離して考えるほうが合理的です。

民間の保険会社の場合、必ず保険金を運用するためのコストがかかっています。

たとえば、保険会社の社員の人件費、ＣＭなどの宣伝広告費なども当然、加入者からの保険料でまかなう必要があります。加入者は貯蓄をしているつもりでも、保険会社の運用に関しても多くのコストを支払っていることになるのです。

したがって、「保険」部分以外のお金を保険会社に「貯蓄」するぐらいであれば、自分で投資信託の積立投資にまわして、より大きなリターンを得たほうがいいのです。

以上のことから結論をいえば、もし民間の保険に加入する必要に迫られたら、「積立」ではなく、「掛け捨て」の保険を選ぶほうが賢いのです。

「がん保険」の加入を検討するのはあり

民間の生命保険や医療保険についていえば、入社1年目のうちは、あえて入る必要はないというスタンスですが、ひとつだけ加入を検討してもいい民間の保険があります。

それは「がん保険」です。

日本人の2人に1人ががんにかかり、3人に1人ががんで死亡しているといわれます。若者よりも年配の人のほうが罹患率は圧倒的に高いですが、若者もいつがんにかかってもおかしくはありません。

とくに近親者にがん患者がいたり、生活が不規則な仕事をしたりしている人はがんにかかる可能性が上がりますから、万一のために加入を検討してもいいでしょう。

何しろ、がんの治療はお金がかかります。

治療法の選択肢も多く、健康保険適用外の治療を受けようと思えば、高額の資金を用意しなければなりません。ですから私は、**治療費用無制限のがん保険に加入しています。**仮にがんを患ったときには、藁《わら》にもすがる思いで、どんな高額な治療法でも試してみたいと思うはずですから。

がん保険の保険料はそれほど高くないので、心配でしかたないという人は加入を検討してもいいと思います。

ただ、その際は、複数の保険会社で見積もりをとることを忘れずに。

保険の内容に大差はありませんから、保険料の安い商品を選んだほうがお得です。

「年金保険料を払うのはバカらしい」の誤解

「がっつり厚生年金の保険料を引かれているけど、自分たちが引退する頃、本当に年金を受け取ることができるのか……」

「年金制度自体が破たんしてしまうのではないか……」

「年金の保険料を払うのはバカらしい！　できることなら払いたくない」

若い世代の年金制度に対する不信感は強いものがあります。とくに入社1年目の社員にとっては、50年近く先の話ですから疑心暗鬼になるのもしかたがありません。実際、年金の支給開始年齢が引き上げられたり、保険料が値上げされたりしているのも、年金のイメージを悪くしているようです。

たしかに、現実的には現在の60代、70代の人よりも若い世代のほうが、一人ひとりの負担は大きくなり、支給開始年齢もさらに引き上げられる可能性が高い。

しかし、いくら不平不満を並べ立てても意味がありません。なぜなら、年金の保険料は有無を言わさず給与から天引きされていくのですから。**マイナス面ばかりを嘆くのではなく、プラスの面に目を向けたほうが、はるかに生産的です。**

そもそも長生きしなければ十分に年金ももらえないのですから、「年金は損だ！」と声高に叫んでも意味がありません。

年金制度は破たんするって本当？

では、年金制度にはどんなメリットがあるのか？

ひとつは、老後資金の一部を年金でカバーできることです。なんだかんだいっても、年金制度が破たんし、1円も戻ってこないという事態は考えにくい。今後も制度改正をしながら存続していく可能性が高いのです。

仮に「もう年金制度はもたないのでやめます」と国が宣言したら、国民は怒り狂うでしょう。それを実行できる政治家はいません。軌道修正をしながら年金制度は続くと考えるのが自然です。

そもそも実際に年金が戻ってこない事態になったときは、国そのものが破たんの危機に瀕しているはずです。そういう意味では、日本政府はギリギリまで年金制度を維持しようと努力するでしょう。

会社員として働き、強制的に厚生年金の保険料が引かれているかぎりは、老後資金をコツコツと積み立てていることになります。

もちろん、何歳まで生きるかによって将来受け取れる年金額は変わってきますが、若い頃に払い続けた保険料がすべてムダになることはありません。

しかも、先述したように厚生年金の加入者には、いざというとき「障害厚生年金」「遺族厚生年金」が支払われるのも大きなメリットです。誰もが大きな障害を負ったり、突然命を失ったりする可能性があります。そのとき、年金をきちんと払っていてよかったと感謝するはずです。

確定拠出年金《かくていきょしゅつねんきん》は退職金の代わり

ただし、年金を払っていれば老後は安泰かというと、それは現実的にむずかしいでしょう。あくまでも年金は老後の生活を支える柱のうちの1本ととらえるべきです。年金だけでは不足する分は「自分年金」、つまり積立投資で増やして補てんする必要があります。20代の頃からコツコツと積立投資を続けていれば、老後の生活を支える大きな柱に成長してくれるはずです。

また、最近は「確定拠出年金（企業型）」という企業年金制度を用意する企業も増えています。企業年金は、会社が従業員に年金を支払うしくみのことで、国民年金や厚生年金にプラスオンされる形になります。

そのひとつである「確定拠出年金（企業型）」は、会社が指定した金融商品のなかから選んで、自分で運用するのが特徴です。

その際の掛け金は会社が拠出してくれます。というのも、年金と名がついていますが、**じつは退職給付制度のひとつで、簡単にいえば「退職金」の代わりです。**退職時に会社が耳をそろえて退職金を支払うのではなく、毎月掛け金を振り込むので退職時まで自分で運用してください、というものです。

もちろん、運用は自己責任なので、資金を増やせる可能性もありますが、逆に減らすおそれもあります。

「確定拠出年金（企業型）」も投資信託による積立投資と似た性格のものなので、もし勤めている会社が確定拠出年金を導入している場合は、やはりバランス型で、なおかつインデックス型の投資信託を選んで運用するといいでしょう。

この場合、将来への投資となるので、掛け金は投資20％のなかに含めてもかまいません。

税の恩恵を最も受けている社会人は「入社1年目」

所得税や住民税といった税金も、有無を言わさず給与から引かれていきます。

自営業者やフリーランスは確定申告で自ら収入を申告して、税金を払う必要がありますが、会社員の場合は、自分で申告する必要はなく、給与から差し引かれ、勤務先を通じて税務署や市区町村に税金を納めることになります。

このしくみを「源泉徴収制度」といいます。

確定申告をする自営業者やフリーランスの人は、さまざまな節税のテクニックを駆使して、収める税金を少なくすることも可能です。

しかし、会社員の場合は、節税対策としてできることは限られます。

副業が認められている会社なら、本業以外の収入を得て確定申告すれば、副業のために使った経費の分が節税になります。

今、日本の産業界は「副業ＯＫ」に舵《かじ》を切る企業が増えているので、今後は20代の若者でも副業にチャレンジする人が増えるかもしれません。

税金を減らすために副業を始めるのは本末転倒ですからおすすめしませんが、これからは趣味や特技などを活かして副業をもつのがめずらしくなくなるでしょう。


入社1年目の皆さんも、ぜひ副業を視野に入れておきましょう。

副業が成功すれば、独立起業もしやすくなります。そうなれば、お金のストレスフリーを早くに実現することも可能です。夢が膨らみますね。

税金の不満を言う人ではなく、たくさん税金を払う人になろう

皆さんのなかには「少ない給与からとった税金を、政治家や官僚がムダ遣いしてい

る！」と不満を抱いている人もいるかもしれません。

新聞やテレビで国民の税金をムダ遣いしているというニュースがよく流れているので、税金に対して悪いイメージをもつ人が多いのでしょう。

しかし、文句を言ったところで税金が戻ってくるわけではありません。それよりも、年金と同じでプラスの面に注目したほうが建設的です。

実際、私たちの税金のほとんどは、住みよい社会のために使われています。

街の治安を守ってくれる警察官、国の防衛を担う自衛隊、いざというときに出動してくれる救急車や消防車、私たちの暮らしを支えるゴミの収集車、ふだん私たちが使っている道路や信号機、町の図書館など社会のインフラ整備は税金でまかなわれています。教育を受けられたのも税金のおかげです。

当たり前すぎて意識していないかもしれませんが、税金があるから私たちは豊かで安全な暮らしをすることができるのです。

このようなことを言うと、税務署の回し者のように思われるかもしれませんが、私たちがさまざまな恩恵を受けられるのは税金を払っているおかげだということは、まぎれもない事実なのです。

もっといえば、入社1年目の社員は最も税金の恩恵を得ている社会人といえます。なぜなら、学生時代は社会人ほど税金を払っていませんし、入社1年目は最も給与が少ないですから、支払っている税金も会社のなかでいちばん少ない。

にもかかわらず、人生の先輩たちと同じ公共サービスを受けることができる。多額の税金を払っている経営者と同じ道路を歩くことができるという意味では、たいへん得をしているといえます。

税金の不満を言うよりも重要なのは、たくさんお金を稼いで、税金をたくさん払えるような人間になることです。そうして社会に貢献した人が、稼ぎという大きなタネ銭を得て、資産を増やしていけるのです。

お金のストレスフリーを実現したいなら、気持ちよく税金を払いましょう。

エピローグ

お金の不安、さようなら

最後まで読んでくださり、ありがとうございました。

今のあなたは、本書を読む前よりも数段、お金との付き合い方についてくわしくなったはずです。

私のまわりの大人たち（40〜50代）は、よくこんな愚痴をこぼしています。

「お金にまつわる知識を知っていれば、〝落とし穴〟にはまることはなかったのに」

「若いうちからお金を貯めていればなあ」

「きちんと投資の知識を学んでいれば、今頃もっと経済的な余裕があったのに」

社会人1年目のあなたと同じように、人生の先輩方のほとんどがお金の正しい扱い方を学ぶことなく社会に出て、今激しく後悔の念にかられています。なかには、借金をして取り返しがつかないほどの深い穴にはまってしまった人も少なくありません。

そうした社会人の多くは、私の講演会やセミナーに参加し、「もっと若い頃に田口さんの話を聞きたかった……」とぼやいています。

そういう意味では、社会人1年目で本書を手に取ったあなたは、とてもラッキーです。本書の内容を実践すれば、お金にまつわるリスクを減らすことができますし、将来、お金の不安のない豊かな人生を送れる可能性が高くなるからです。同期の社員よりも、2歩も3歩も先を行くことができます。

ふつうの人は、給料の高低について大いに気になると思います。

異なる会社に就職した学生時代の友人のほうが高給取りであることを知って、うらやましく思ったり、焦りを感じたりするかもしれません。

しかし、高給取りであってもお金の正しい扱い方を知らなければ、いつまでたってもお金の不安から逃れることはできません。

入社時は高給取りとはいえなくても、お金と上手に付き合っていけば、確実にお金を増やしていくことはできます。

経験とともに稼ぎが大きくなれば、資産の増え方は加速していくでしょう。

お金の不安から解放されるためにも、まず本書で学んだことをひとつでも実行してください。わかった気でいるのと、実際に経験するのとでは大違いです。

入社1年目のときは横一線でも、しだいに同期の間でも仕事の成果に差ができてきます。

その差を生むのは、「行動するかどうか」です。

同じ知識をもっていても、それを活かす人とそうでない人とでは、雲泥の差がついていくものです。

それは、お金についても同じ。

早くからお金と真剣に向き合う人は、そうでない人よりも大きな資産を築き、充実した人生を送ります。

これは、人生とお金の知識の先輩である私が身をもって学んだ事実です。

お金との付き合い方の巧拙《こうせつ》で人生は大きく変わります。

ぜひ、本書で学んだことを実践して輝かしい未来を手に入れてください。

幸運を祈ります。

田口智隆

著者プロフィール

田口智隆（たぐち・ともたか）

1972年埼玉県生まれ。投資家。株式会社ファイナンシャルインディペンデンス代表取締役。大学卒業後、学習塾の講師となるも、連日飲みに行き借金が膨らむ。28歳のとき、父親が病に倒れたのを機に、父親が経営する保険代理店に入社し、地域ナンバーワン代理店に成長させる。また、徹底した節約と資産運用により、自己破産寸前まで膨らんだ借金をわずか数年で完済。その後は「収入の複線化」「コア・サテライト投資」で資産を拡大。34歳の時に独立する。現在その経験を活かしマネー・カウンセリングを行う一方、日本全国でセミナー活動を積極的におこなっている。

著書は、『28歳貯金ゼロから考えるお金のこと』（KADOKAWA）、『11歳のバフェットが教えてくれる「経済」の授業』（フォレスト出版）、『お金が貯まらない人の悪い習慣39』（マガジンハウス）、『なぜ賢いお金持ちに「デブ」はいないのか?』（水王舎）、『即断即決』（きずな出版）など、累計80万部を超える。

●お気軽にご連絡ください
メール：taguchi.tomotaka@gmail.com
Facebook：http://www.facebook.com/taguchi.tomotaka
Twitter：http://twitter.com/tomotaka_T

入社1年目のお金の教科書
―これだけは知っておきたい 貯め方・使い方・増やし方

2018年4月10日　第1刷発行
2019年1月20日　第2刷発行

著　者　田口智隆

発行人　櫻井秀勲
発行所　きずな出版
東京都新宿区白銀町1-13　〒162-0816
電話03-3260-0391　振替00160-2-633551
http://www.kizuna-pub.jp/

協　力　高橋一喜
ブックデザイン　池上幸一
印刷・製本　モリモト印刷

ISBN978-4-86663-032-8

きずな出版